高度外国人材

採用から
活躍までの
「定石」

筆者は約25年間人材ビジネスに携わり、2017年にASIA to JAPANを起業した。

以来、「きっかけから、活躍まで」をビジョンに掲げ、アジア各国のトップ大学と連携し、海外大学の外国人学生を対象に、日本企業への就職支援を行っている。現在、その範囲はアジア10の国と地域、計50大学にまで拡大した。

事業を通じて日々実感するのは、「これほど人から感謝してもらえる仕事は他にない」ということだ。

日本は外国人材から選ばれなくなりつつあるという声もあるが、実際は思っている以上に多くの人が日本での就業を希望している。その一方で、外国人材の日本企業への就職には日本語が障壁となっており、その課題に対し、当社では海外大学の学生に無料で日本語授業を提供し、日本企業への就職をサポートしてきた。国境を越えた就職を叶えることは、学生の人生を大きく変える。その分、彼ら・彼女らからの感謝も大きい。先日もインドのプネ大学に赴き、日本企業への就職が決まった学生８人と会った際、「三瓶さんはマハラジャ（王様）です」と王様の帽子をプレゼントしてもらった。こんなにも人に喜んでもらえる、やりがいのある仕事はないと日々幸せに感じている。

日本で働きたい外国人材の夢を今後さらに叶えていくには、外国人材採用を行う日本企業を増やす必要がある。

少子高齢化が進む中、働き盛りの優秀な若手人材が海外から喜んで来てくれることは、日本にとって大きなメリットだ。そして、外国人材を受け入れるには社内の体制を整えなければならないと思い込んでいる企業は多いが、実は現状の体制のままで大きな支障はないことがほとんどである。

当社の近くの寿司屋では、最近になって突然外国人観光客が増え始めた。その起点となったのは、たった一人の外国人客だ。店主をはじめ従業員は英語が話せず、メニューも日本語のみ。金額の記載もしておらず、外国人観光客にとって敷居が高い店だったが、勇気を出して入店した一人の外国人客が好意的なレビューを英語で書いたことにより、外国人観光客の来店が増えたのだという。それに伴い店では英語メニューを用意し、簡単な英語のフレーズを覚えるなど、外国人客を迎える体制を整えていったそうだ。

企業の外国人材採用にも同じことがいえる。まずは最初の一人を受け入れ、そこから少しずつ社内を変えていけばいいのだ。何も最初から英語ができる寿司職人を採用し、万全の準備を整える必要はないのである。

もちろん初めてのことをする以上、初めは苦労もあるだろう。異文化をバックグラウンドに持つ人材ゆえの配慮も必要だ。ただ、大変なのは最初だけであり、外国人材採用を行っていくうちにそれらは解消していく。そこを乗り越えれば、あとにはメリットしか残らない。

人材獲得が容易になるだけでなく、外国人材の存在は既存の日本人社員にポジティブな影響を与え、年々採用難易度が増している日本人の若手人材の採用にもプラスの効果をもたらす。ダイバーシティが推進されるのはもちろん、マーケットを拡大し、自社の海外展開につながる可能性もあるのだ。実際、外国人材の入社をきっかけに、その社員の母国でも製品を販売するようになった企業もある。

そうしたメリットを享受するのに必要なのは、最初の一歩を踏み出す勇気だ。初めてのことゆえに不安に感じる企業も少なくないが、外国人材採用は本来それほど大袈裟に考えることではなく、ビザなどの手続は発生するものの、採用や受け入れの考え方は基本的に日本人採用と変わらない。

また、今後の少子高齢化の流れを踏まえれば、日本企業にとって外国人材採用は選択肢ではなく、事業存続のためにせざるを得ない施策だ。女性採用も男女雇用機会均等法以前は女性差別を正す意味合いが強かったが、今では女性を採用するのは当たり前になった。外国人材も同じように、企業にとって当たり前の存在になっていくだろう。

それならば、早く着手した方がいい。コロナ禍で海外から日本に入国ができなくなり、外国人材採用は一度停滞したが、その障壁がなくなった今、改めて外国人材採用を検討している日本企業の後押しをしたい。

本書では外国人材採用を取り巻く環境から、外国人材採用を行うことで企業が得られるもの、各種手続の留意点、採用や受け入れのポイントのほか、企業事例と外国人材のアンケート調査結果から現場の生の声を紹介している。これらが外国人材採用に踏み出す一助になることを願っている。「外国人材だから」と特別視する必要がないことが、きっと本書によって理解していただけるだろう。

目次

第1章

高度外国人採用を取り巻く環境

第1　日本の人的資源が置かれている環境

日本の人口は減少の一途をたどっている。第２次ベビーブーム世代は現在50歳前後と、10年ほどすれば定年を迎える年代であり、そこから労働人口の減少はより深刻になっていく。出生率が過去最低を更新し続けている現状を踏まえれば、今後日本人の働き手が増えることがあり得ないのは自明の事実だ。この先、数十年間の人口動態は変えられない事実であり、目先の政策で今すぐにどうにかできる話ではない。

具体的に数字を見てみよう。14歳以下の人口は現在約1,500万人だが、2065年の予測では半減する。それに伴い、働き手である15～64歳の人口も３分の２ほどまでに減少。働く人口が劇的に減る事実を他人事のように捉えている企業は多いが、人材不足が今後の経営に重くのしかかってくることは明白である。

こうした現実を踏まえれば「国内採用の難易度の上昇」と「マーケットの縮小」という、大きく二つの課題が生じる。

国内の人口が減れば採用の難易度は当然上がっていく。近年の労働人口の減少を補ってきたのが女性の活躍推進や定年の引き上げ、定年後再雇用であり、雇用の枠を拡大することで対応してきたが、それももう広げ切った今、いよいよ国内で人材不足を補う手立てはなくなりつつあるのが現状だ。多くの人事担当者が口にする「今年の新卒採用は厳しかった」は、こうした状況に鑑みれば「今年はまだマシだった」のだともいえる。

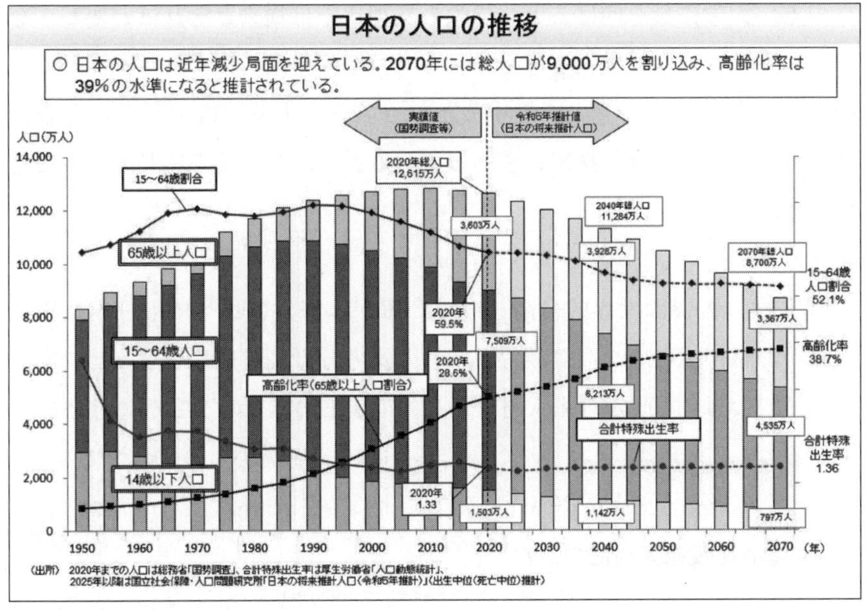

出典：厚生労働省　我が国の人口について

人口減は、言い換えれば日本のマーケットが縮小することを意味する。日本は世界第3位の経済大国であり、これまでは国内マーケットだけでビジネスが成り立ったが、日本の人口が減ってマーケットが縮小していけば、日本人が相手だけの商売では頭打ちになってしまう。

こうした「採用難」と「マーケットの縮小」という二つの課題に対して、打開策となるのが外国人材採用だ。

一つ目は、採用について。最近ではテクノロジーの進化によって企業が求めるスキルにも変化が生じ、従来は文系しか採用しなかった企業でも理系人材を新卒採用するようになった。世の中全体の理系の採用比率は上がっており、例えば文系職種のイメージが強い銀行では今や文理の新卒採用比率が逆転する勢いだ。

一方、大学に目を向けると、学生の文理比率は従来とそれほど変わらない。理系人材の需要拡大を補えておらず、経済産業省によれば2030年に国内のIT人材は最大79万人不足するという試算もある。IT人材が取り合いになっている事実は、採用に携わっている人であれば肌で感じていることだろう。

IT人材の需要は世界的に高まっているが、海外に比べても日本は理系人材が非常に少ない。高等教育在学者の選考分野別構成比を見ると、中国やドイツでは約40%が理系人材なのに対し、日本はわずか20%にとどまっている。

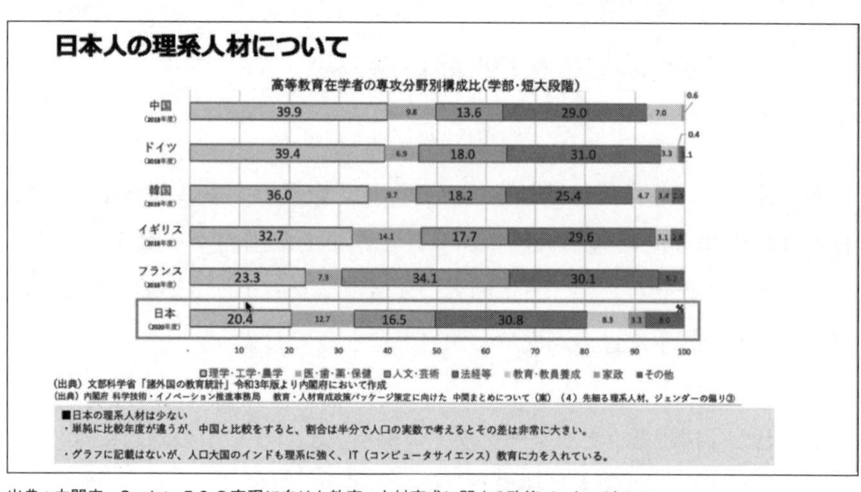

出典：内閣府　Society 5.0の実現に向けた教育・人材育成に関する政策パッケージ P17

最近では女性の理系人材を増やす動きもあるが、経済協力開発機構（OECD）加盟国の高等教育機関の入学者に占める女性割合で、日本の理系人材の女性比率は最下位だ。日本人の理系人材採用が激化するばかりであることは火を見るより明らかだろう。

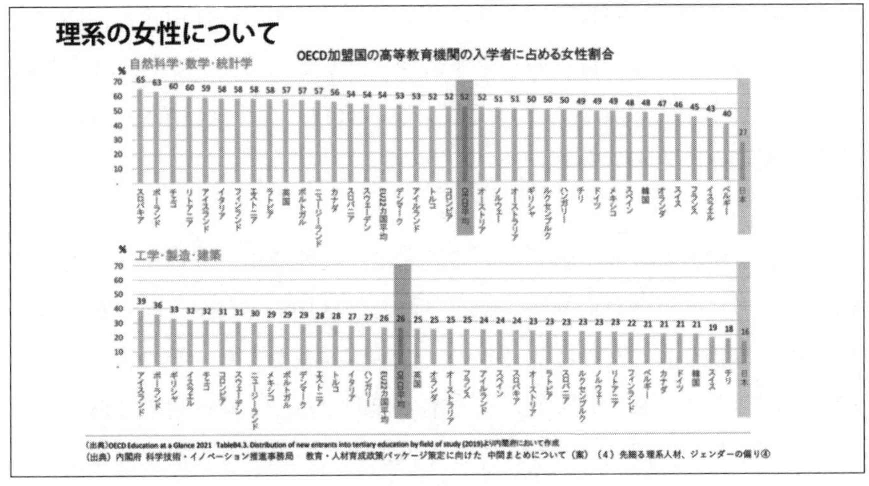

出典：内閣府　Society 5.0 の実現に向けた教育・人材育成に関する政策パッケージ P18

二つ目に、マーケットの縮小について。国内マーケットが縮小する時、海外マーケットへ目を向けるのは自然な流れだろう。特にアジア諸国は購買意欲が高く、日本から近く身近な存在であり、ビジネス展開も比較的しやすい。その際に必要なのが「現地の理解」と「語学力」だが、その双方を満たすのが外国人材である。

例えば、中国では野菜の農薬を洗うときに洗濯機を使用することがある。それを知っていれば「野菜が洗える洗濯機」という売り方が考えられるが、この発想は日本人だけの会議ではなかなか出ないだろう。グローバル展開をするには現地の商習慣や生活習慣を理解することが重要であり、日本人だけでは不十分だ。一方、外国人材であれば現地への理解があり、かつ言語の壁もクリアできる。グローバル展開に必要な語学力を持ち、現地事情に精通した日本人を採用する難易度の高さを考えれば、外国人材採用は合理的な選択肢であろう。

人口の減少が不変の真理であり、それに伴い日本人の採用難と国内マーケットの縮小が起き、自社のビジネスの見直しを余儀なくされることに鑑みれば、日本企業が日本人だけでビジネスを行えなくなっていくことも、また予測可能な未来である。

まだ猶予があるように感じている読者は、女性雇用の流れを振り返ってほしい。男女雇用機会均等法が制定されたのは1985年だが、国が女性の雇用推進に本腰を入れたのは2013年の女性活躍推進だった。その背景にあるのは「困らないとしない」という日本の傾向だろう。女性活躍推進の裏には人材不足という課題があり、そこで白羽の矢が立ったのが女性だったともいえる。

それから10年が経ち、人材不足はいよいよ深刻になった。近い将来に「国内の人材不足で困る」状況に陥るのは明白であり、そうなれば国外から人を採用するしかない。そのように考えれば、外国人材採用は「行うか、行わないか」という選択肢の話ではなく、せざるを得ない施策であり、時間の余裕はそれほどないのである。新型コロナウイルス感染症の流行が落ち着き、諸外国との行き来が再開した今、これまで様子見だった企業も外国人材採用を開始する流れになっていくだろう。

第２　ダイバーシティ推進としての女性活躍と外国人材採用

外国人材採用において、もう一つ重要な観点がダイバーシティの推進だ。

経済産業省では、ダイバーシティ経営を「多様な人材を活かし、その能力が最大限発揮できる機会を提供することで、イノベーションを生み出し、価値創造につなげている経営」と定義し、日本企業のダイバーシティ経営の推進を後押ししている。

2021年６月にはコーポレートガバナンス・コードが改訂され、翌年４月に東京証券取引所の市場区分が変わった。最上位のプライム市場へ上場するにはコーポレートガバナンス・コードの原則を満たす必要があり、その一つが次のダイバーシティに関する項目だ。

企業の中核人材における多様性の確保

■管理職における多様性の確保（女性・外国人・中途採用者の登用）についての考え方と測定可能な自主目標の設定

■多様性の確保に向けた人材育成方針・社内環境整備方針をその実施状況とあわせて公表

従来のダイバーシティの主な取り組みは女性活躍推進であったが、このように今後は外国人材の活躍も重視されるようになり、より多様な組織の実現が求められる。さらに2023年３月期決算から上場企業などを対象に人的資本の情報開示が義務化された。企業にとって多様性の実現は重要テーマであり、喫緊の経営課題なのである。

企業の本質的なダイバーシティを実現するには、いち早く外国人材採用に取り組むことが必要だ。その根拠もまた、これまでの女性雇用の流れにある。

2013年に女性活躍推進が始まった頃のことを振り返れば、女性活躍にいち早く取り組んだ企業が注目を集め、そこから意欲ある女性の採用につながり、経営層や管理職の女性比率を上げることにつながった。それにより「女性が長く活躍できる会社」というブランディングができ、その後の女性採用がしやすくなるという好循環が生まれていった。現在、経営層の女性比率を上げることは日本の大手企業の目下の課題だが、それゆえ対象となる女性は取り合いであり、その競争に勝つには土台が必要なのだ。

同様のことは外国人材採用にも起きるだろう。優秀な外国人材を採用し、入社後の長期雇用を実現するには、採用や受け入れのノウハウはもちろん、外国人材をマネジメントできる人材や彼ら・彼女らが活躍できる環境整備が不可欠だ。早期に外国人材採用に取り組み、必要な制度や環境を整えながら、彼ら・彼女らを自社で育成し、マネジャーにすることができれば、女性活躍同様、その後の好循環がつくれる。外国人採用にいち早く取り組んだ企業が先行者利益を得られる可能性は高いのである。

第3　2040年の人材市場

日本政策投資銀行グループのレポートによると、2020年時点で日本にいる外国人材の人数は172万人。一方、2040年に目標の国内総生産（GDP）に到達するには674万人の外国人材が必要とされており、これから約20年で約500万人を増やさなければならない。これは大阪府で働いている人の数とほぼ同数であり、2040年には９都県で労働人口に占める外国人材の割合が10％を超えるという試算もある。10人に１人が外国人材となれば、会社の中に外国人がいる状況は普通の景色であり、外国人が上司になることも珍しくはなくなる。

2040年の外国人労働者数（対生産年齢人口比率）

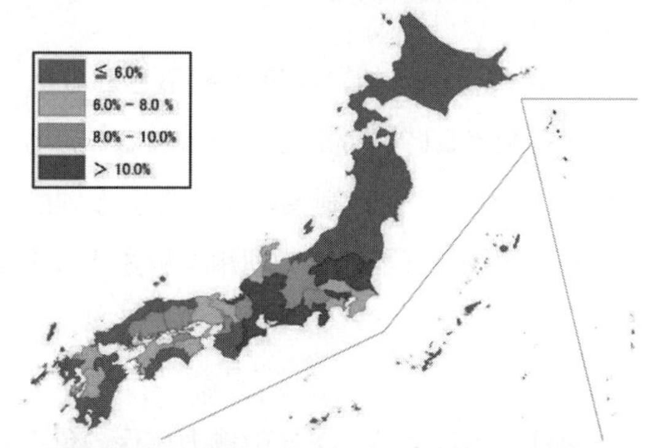

注3：都道府県別の将来人口は、国立社会保障・人口問題研究所「日本の地域別将来推計人口（平成30（2018）年推計）」

9都県において、労働人口に占める外国人労働者の割合が10%を超える

需要が高い分野
- 製造業全体　155.3 万人
- 小売業　104.3 万人
- 建設業　49.8 万人

出典：JICA　2030/40 年の外国人との共生社会の実現に向けた取り組み調査・研究報告書をもとに ASIA to JAPAN 作成

こうした現状を受け、国も外国人材誘致の制度を見直し始めている。その一つが、日本に在住する外国人のうち最も多くを占める、技能実習生に関するものだ。厚生労働省のウェブサイトに記載されている外国人技能実習制度の説明は以下のとおりであり、その目的はあくまで「技能を習得する機会の提供」である。

外国人技能実習制度は、我が国が先進国としての役割を果たしつつ国際社会との調和ある発展を図っていくため、技能、技術又は知識の開発途上国等への移転を図り、開発途上国等の経済発展を担う「人づくり」に協力することを目的としております。

だが実態は労働力の確保を目的に制度が利用されるケースが少なくない。技能実習生は低賃金で長時間労働を強いられることもあり、それでいて転職することができない。「奴隷制度のようだ」と国際的な批判が生じていることから、外国人技能実習制度の利用を敬遠する企業も出てきている。

そうした流れを受け、国はクリーンに労働力確保の色を強める方向性で2025年4月制度改正に向けて動いている。介護職やサービス業など、人材不足が深刻な業種・業界は疲弊しており、人材不足による倒産数も過去最高を記録しているが、そうした現状を解決するための動きだ。

本書の主題である高度外国人材についても、まずは日本に滞在している外国人留学生の日本企業での就職を増やすべく、留学生採用に関するサービスやイベントに助成金を出すなどして国は力を入れている。

しかし、国がいくら制度を整え採用を推進しようとも、採用の主体はあくまで企業であり、企業の採用要件が厳しいままではなかなか採用にはつながらない。

2023年の日本学生支援機構の調査によれば、外国人留学生の学部生のうち日本で就職する人、帰国する人はそれぞれ約3割。そして留学生の就業支援サービス業界では、この帰国者のうち、日本での就職を希望していたものの就業先が見つからずに帰国する人が３割ほどいるといわれている。そして国が改善を試みているのは「日本での就職を希望したが就業先が見つからなかった」層だが、外国人留学生の就業先が決まらなかった理由の多くは「日本語力の不足」にある。

日本語は世界トップレベルに習得が難しい言語である。アメリカの外交官養成局が公開している言語別習得難易度のランク分けでも、日本語は「Super-hard languages（超ハードな言語）」と最難関の言語の一つに位置付けられ、外交官レベルの優秀な人であっても日本語の習得にはおおよそ２年の勉強期間が必要とされている。これまで2,000人以上の外国人材の日本語学習をサポートしてきた当社の肌感でも、日本企業が求める日本語力に外国人材が到達するには最低でも３年はかかる。これだけ日本語の習得は難しいのであり、この要件が緩和されない限り、日本企業の高度外国人材採用は思うように進まないだろう。

第４　留学生を取り巻く状況

外国人材を採用する際、日本に来ている外国人留学生をターゲットにしようと考える日本企業は多い。日本語が話せる人も多く、日本での生活や文化に慣れていることから日本企業に馴染みやすい傾向にあり、これから外国人材採用を始めようと考える企業にとって魅力的な人材だ。

ただ、日本語ができる外国人留学生の採用は狭き門であり、実は日本人の新卒採用と難易度はほとんど変わらない。

まず、留学生の人数を見ていこう。日本学生支援機構が毎年発表している「外国人留学生在籍状況調査結果」を経年比較すると、コロナ禍前の2019年の外国人留学生数が約31万人だったのに対し、2022年の最新調査結果では約23万人とおおよそ25％減少している。

先に触れたとおり、現在は外国人留学生を増やそうと国が動いており、また円安の追い風もあって近い将来にはコロナ禍以前の水準に回復することが予想される。ただ、激増するとは考えにくい。コロナ禍以前も留学生数は右肩上がりだったが、毎年３万人前後の増加にとどまっており、国がいくら力を入れようとせいぜい倍になる程度だろう。

また、実は大学院の外国人留学生数はコロナ禍前後でほとんど変わっていない。一方、大学はコロナ禍を経て留学生数が減少しているが、これはコロナ禍の影響ではなく、出稼ぎ目的で大学に籍を置きビザを取得するケースに対し、国が審査を厳格化したことが影響していると考えられる。ベトナムなど一部の国の留学生数が大きく減ったのも同様の理由だ。

つまり勉強を目的とした正規の留学生数はコロナ禍前後でさほど変わっていないのであり、コロナ禍が明けたからといって大幅に増えるとは考えにくい。2040年の目標GDPに向けて外国人材を約500万人増やそうとしているが、たとえ国が積極的に外国人留学生の受け入れを推進したとしても、不足している500万人のうち留学生が占める割合は１割程度にしかならないのだ。

そこから専攻分野や国籍など絞り込んでいくと、採用対象者はさらに限

国（地域）別留学生数

（単位：人）

	2022年	2021年	2020年	2019年
計	231,146	242,444	279,597	312,214
中国	103,882	114,255	121,845	124,436
ベトナム	37,405	49,469	62,233	73,389
ネパール	24,257	18,825	24,002	26,308
韓国	13,701	14,247	15,785	18,338
インドネシア	5,763	5,792	6,199	6,756
台湾	5,015	4,887	7,088	9,584
スリランカ	3,857	3,762	5,238	7,240
ミャンマー	3,813	3,496	4,211	5,383
バングラデシュ	3,313	3,095	3,098	3,527
タイ	2,959	2,563	3,032	3,847
モンゴル	2,941	2,619	3,075	3,396
マレーシア	2,423	2,426	2,670	3,052
フィリピン	1,745	1,699	2,221	2,852
ウズベキスタン	1,659	1,317	1,512	1,942
アメリカ合衆国	1,655	1,172	1,752	3,000
インド	1,532	1,457	1,675	1,869
フランス	1,256	742	1,231	1,635
ロシア	989	713	754	831
カンボジア	882	742	696	751
ドイツ	801	347	631	949
ブラジル	678	475	550	548
パキスタン	631	542	540	470
その他	9,989	7,802	9,271	11,235

出典：JASSO　令和四年度 外国人留学生在籍状況調査結果をもとにASIA to JAPAN作成

大学・大学院に在籍する留学生数（2015年～2022年/国立・公立・私立）

（単位：人）

		国立	公立	私立	合計
大学院	2022年	33,056	2,199	17,867	53,122
	増減	102%	95%	99%	101%
	2021年	32,431	2,309	18,019	52,759
	増減	99%	99%	101%	99%
	2020年	32,800	2,329	17,927	53,056
	増減	99%	104%	101%	100%
	2019年	33,185	2,234	17,670	53,089
	増減	105%	109%	108%	106%
	2018年	31,715	2,043	16,426	50,184
	増減	109%	107%	107%	108%
	2017年	29,174	1,909	15,290	46,373
	増減	107%	99%	106%	107%
	2016年	27,153	1,928	14,397	43,478
	増減	106%	106%	102%	105%
	2015年	25,532	1,812	14,052	41,396
大学	2022年	9,092	1,519	61,436	72,047
	増減	103%	111%	97%	98%
	2021年	8,832	1,374	63,509	73,715
	増減	83%	85%	94%	92%
	2020年	10,591	1,611	67,624	79,826
	増減	81%	81%	91%	89%
	2019年	13,070	1,985	74,547	89,602
	増減	104%	107%	106%	106%
	2018年	12,554	1,855	70,448	84,857
	増減	107%	101%	110%	109%
	2017年	11,770	1,836	63,940	77,546
	増減	107%	101%	110%	109%
	2016年	11,481	1,670	59,078	72,229
	増減	104%	96%	108%	107%
	2015年	11,024	1,737	54,711	67,472

出典：JASSO　令和四年度 外国人留学生在籍状況調査結果

られる。2022年のJASSOの調査結果によると工学、理学、農学を合わせた理系専攻の留学生はおおよそ４万6,000人と、全体のわずか約20%。東京大学を例に挙げると、同大学には学部生と大学院生を合わせて約4,000人の外国人留学生がいるが、それは全学年・全学部の総数であり、単純計算で一学年の人数は700人ほど。理系比率が20％と考えれば、一学年あたりの理系留学生の数は140人であり、新卒採用の対象となる大学ないし大学院卒業年次の学生は280人しかいない。

専攻分野別留学生数（2022年）

（単位：人）

専攻分野	2022年	前年	構成比
人文科学	80,291	72,954	34.70%
社会科学	63,096	76,301	27.30%
理学	4,361	4,413	1.90%
工学	37,487	41,009	16.20%
農学	4,200	4,094	1.80%
保健	5,829	5,990	2.50%
家政	3,921	4,159	1.70%
教育	2,854	2,941	1.20%
芸術	10,855	13,361	4.70%
その他	18,252	17,222	7.90%
計	231,146	242,444	100.00%

出典：JASSO　令和四年度 外国人留学生在籍状況調査結果

また、理系学部では英語で授業が行われることも多く、日本語が話せない学生も少なくない。肌感では面接ができるレベルの日本語力を持った理系留学生は３人に１人程度の割合だ。そうなると日本語力を求める場合、理系留学生の多くが採用対象外となってしまう。さらに研究室経由で就職したりアカデミアの道に進んだりといった人もいることを考えると、採用対象となる日本語が話せる理系の外国人材はごくわずかであり、競合となる日本企業も多いことから内定を出しても辞退になりやすい。

つまり日本語ができる外国人留学生の採用はレッドオーシャンなのであり、留学生だけで外国人材採用を完結させるのは現実的ではない。日本語を勉強している海外在住の外国人材にまで範囲を広げる、日本語要件を緩和させるなどの対応が必要なのだ。

逆にいえば、外国人材採用では日本語要件さえ緩和できれば、スキルや経験など他の要件を諦めずに済む。国内採用の場合、採用ができない際はスキル要件を緩和せざるを得ないが、外国人材採用に関してはそれをせずに済むのだ。

特に理系職種は社外との接点が少なく、日本語のニュアンスを汲み取って仕事をする場面もほとんどない。プログラミング言語は世界共通でもあり、多少コミュニケーションがとりにくくてもどうにかなりやすい面もある。また、日本語は入社前・入社後の日本語教育のサポートや、仕事をする中で伸ばしていくこともできる。

繰り返すが、日本語要件さえ緩和できれば外国人留学生はもちろん、海外在住の外国人材も含め全世界が採用ターゲットになる。本当に採用時点で高い日本語力を求める必要があるのか、今一度考えてみてほしい。

第２章

ビジネス環境と雇用システムの変化

第１ 国際労働市場とは―国境を越えて働くことの当たり前さ

第１章で説明したとおり、2040年には９都県で労働人口に占める外国人材の割合が10％を超えるという試算もあり、近い将来、企業内に外国人材がいるのは当たり前になる。

世界的に見ても、コロナ禍でリモートワークが普及したことによって働く場所が問われなくなり、国境を越えて働くことが一般化しつつある。従来はシリコンバレーに住居を移して働いていた外国人技術者も、母国からオンラインで仕事ができるようになった。労働法や税金の問題さえクリアできれば、「国境を越えて働くが、住居は国境を越えない」事例も珍しいものではなくなるだろう。特にプロフェッショナルワーカーと呼ばれるビジネスパーソンのリモートワーク化が進みそうだ。

日本でもグローバル展開している大手企業の広告部門で、日本にいながらリモートで各国のメンバーをまとめ、自社の広告のアイデンティティを日本のディレクターが管理することで仕事を進める例が出てきている。

国境の「壁」が低くなり、世界中の企業が就職先の選択肢となり得るこの時代に、給与面で日本企業は他国に厳しい戦いを強いられてしまう。OECDが出している年収ランキングで日本は平行線。一方で諸外国の所得水準は上がっていて、約30年間横ばいの日本は年収面で魅力を失いつつある。2022年の平均賃金を見ても、調査対象38か国中21位という結果だ。

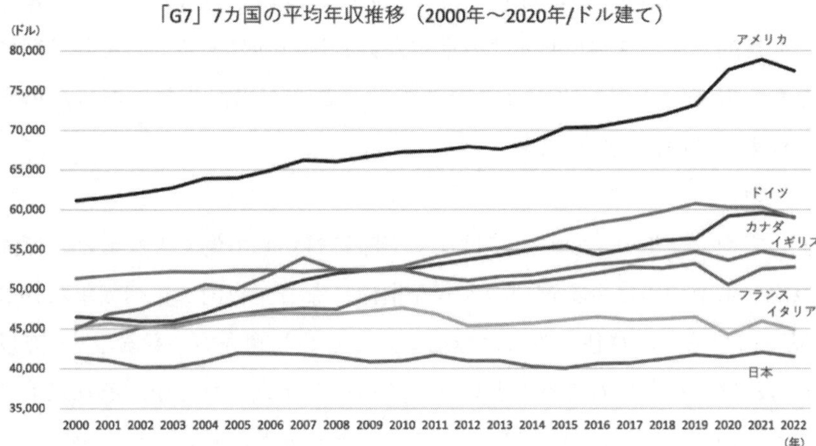

出典：OECD Stat. 2023 年 10 月のデータをもとに ASIA to JAPAN 作成

平均賃金

国民経済計算に基づく賃金総額を、経済全体の平均雇用者数で割り、全雇用者の週平均労働時間に対するフルタイム雇用者１人当たりの平均労働時間の割合を掛けることで得られます。この指標は、2021 年を基準平均とする米ドルと購買力平価（PPP）で表記されます。（以上 OECD の説明より）

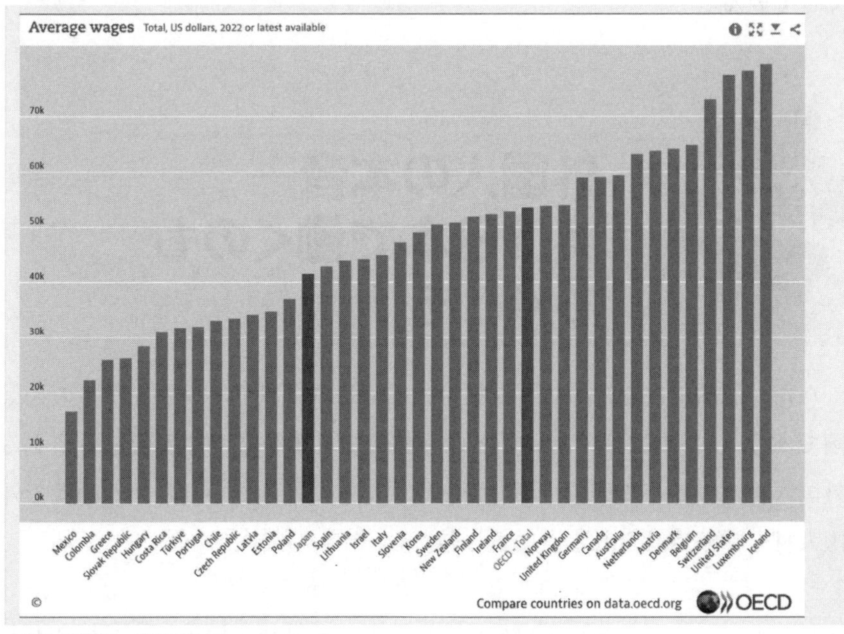

出典：OECD　平均賃金（Average wage）

「日本企業で働けば稼げる」というイメージは過去のものであり、稼ぐことを目的とするならば日本より所得が高い国は他にある。つまり母国にいながらリモートワークで海外企業で働くことが当たり前になった場合に、日本企業の優位性はない。

ましてや、リモートワークではなく実際に移住して働くとなると、自国との給与水準の差は企業選びの大きな指標になる。自国と比べて年収が3倍以下になると、移住する人は極端に減るという調査結果もある。3倍以上であれば「稼ぎに行こう」というモチベーションになるが、それ以下であれば「わざわざ行かなくていいだろう」となるわけだ。

現に、これまで高収入な職を求めて積極的に来日していた労働者の多い国の中には「もはや日本は旅行でたまに行けばいい国」とする人たちも出てきている。

第２　外国人の本音―実は日本で働くのもわりとあり

ただ、悲観的になるのはまだ早い。実は日本は世界トップレベルの人気国であり、「日本に住みたい」という動機で日本企業での就労を希望する外国人材は少なくない。日本の強みは「日本に住みたい」という動機で外国人材を呼び寄せられる点にあるのだ。

日本のアニメや漫画は世界的に人気があり、独自の歴史と文化に魅力を感じる外国人材は非常に多い。新型コロナウイルス感染症の流行以前、訪日外国人旅行者数は右肩上がりで推移しており、コロナ禍で大幅に減少したものの、2023年６月の訪日外客数は2020年２月以降初めて200万人を突破した。2023年上半期の累計も1,000万人を超え、着実にコロナ禍以前の水準に戻りつつある。

出典：観光庁　訪日外国人旅行者数・出国日本人数の推移

さらに治安が良く、公共交通機関をはじめとしてあらゆることが規律正しく、生活環境も快適と評価する声は根強い。物価も安く、この先の人口減に伴い住宅不足に苦しむ可能性も低い。

当社で就職支援をした外国人材の中には、日本で働く外国人材同士、あるいは日本人と結婚する人も少なくない。ライフステージの変化を迎え将来について考えるタイミングだが、ほとんどの外国人材がそのまま日本で生活することを選んでいる。パートナーもまた日本で仕事をしていることから母国に帰るという選択を取りにくい面もあるが、背景には日本の生活環境の良さも影響しているのを感じる。

中には日本企業での数回の転職を経て、「日本が大好きで今後も日本で暮らしたいから」とマンションを買った例もある。暮らしやすく、仕事上も周囲との競争が比較的少なく、雇用が安定していることから穏やかに過ごせるという意味で、安定志向の人材にとって居心地が良い国といえるのかもしれない。

このように日本で働くことを希望する外国人材の動機は、お金ではなく日本への憧れや居心地の良さに変化している。日本企業としては外国人材が日本への好印象を抱いてくれているうちに採用を急ぎたいところだ。

第３　日本型組織とは―メンバーシップ型雇用の本質

外国人材採用を行うにあたり、まずは日本企業の特殊性について知っておく必要がある。

ほとんどの日本企業が行うメンバーシップ型雇用は「就社」であり、入社後に何をするかを会社に委ねる代わりに雇用が保証されている。一方、近年注目を集めるジョブ型雇用は「就職」であり、例えばエンジニアとして採用された人はエンジニアとしての仕事を担い、その仕事がなくなれば雇用契約も終了となる。

世界を見渡せばほとんどの国ではジョブ型雇用が一般的であり、メンバーシップ型雇用を基本としているのは日本のみ。外国人材の多くは大学で学んだことを生かしたキャリア形成を考えており、就職後も専門性を高めることを重視するため、ここに日本企業とのギャップが生じてしまう。

専門性を高めながらキャリアを積みたい人にとって、入社後に何をするか不明確なメンバーシップ型雇用はリスクが大きい。いわば食べたい料理があって行ったお店で、「お任せコースのみ」といわれてしまうようなもので、食べたいメニューにいつありつけるか分からない状態では、そのお店には行きにくいだろう。

それは外国人材に限らず、日本人の若手人材にも同じことがいえる。日本人の若手人材の間で、入社後にどの部署に配属されるか分からない状態は「配属ガチャ」といわれており、それをマイナスに捉える人が増えている。これから採用せざるを得なくなっていく外国人材採用においても、今後ますます貴重性が増す日本人の若手人材採用においても、メンバーシップ型雇用は合わなくなりつつあるのだ。自社の雇用形態やキャリア形成の在り方を企業が見直さなければ、この先の採用はより厳しくなっていくだろう。

とはいえ、日本企業がジョブ型雇用に切り替える難しさもある。本来のジョブ型雇用では当該ポジションの仕事がなくなれば契約終了にできるが、日本の場合は原則的に従業員を解雇することができない。極端な話、営業で採用した人が全く成果をあげられなかったとしても、同じポジションに居続けることができてしまう。特に大手企業は入社のハードルが高い分、入社後に「残らなければ」という力学が働きやすい。ジョブ型雇用ゆえに「営業に向いていないからマーケティング部に異動させる」といった職種転換ができないのは企業にとってリスクだろう。

これらの問題点は日本の労働法とセットで見直す必要があり、いち企業だけで解決できることではない。

第4　世界から見たメンバーシップ型雇用——メリット・デメリット

ただ、メンバーシップ型雇用は必ずしも悪いわけではない。ここでは日本特有のメンバーシップ型雇用について、外国人材から見たメリットとデメリットを整理しておく。

外国人材から見た自社の良い点、悪い点を理解した上で、メンバーシップ型雇用を基本としたまま採用を行う方法は十分にある。メンバーシップ型雇用のまま制度を見直して対応する、ジョブ型雇用に切り替えられる部署や職種から外国人材の受け入れを始めるなど、できるところから社内の体制を変えていく方法もあるはずだ。

メリット1　雇用が安定している

外国人材が日本で働くことを希望する理由の多くが「日本に住みたい」であり、その要因の一つが日本の規律正しく安心安全な環境にある。つまり日本に興味を持っている外国人材という括りで見れば、日本の雇用の安定性は訴求ポイントの一つとなる可能性が高い。

職務内容を明確に定義して雇用契約を結ぶジョブ型雇用は、メンバーシップ型雇用と比べて成果をシビアに求められ、その分周囲との競争も発生しやすい。多くの外国人材にとってはそれが当たり前であるものの、日本人全員が日本の就業環境にフィットしないのと同様に、外国人材の中にもジョブ型雇用の価値観が合わない人はいるのだ。

例えば、当社で就職支援をしている日本で働きたいインド人と、インド現地で出会うインド人では受ける印象が全く異なり、インド人の中でも真面目できっちり物事を進めたい人が日本での就業を希望しているのを感じる。日本人の中にも日本が合わずに海外へ出る人がいるように、インドの適当さが合わないことから日本での就業を希望する人もいれば、ガツガツ成果を出して稼ぎたいとアメリカに行く人もいるということだ。

コロナ禍では世界的にリストラが相次いだが、日本の失業率は他国と比較しても極めて低水準だった。15～24歳の若年層において日本の完全失業率が最も高かったのは2021年１～3月の5.1％だが、同時期のアメリカは11.1%、イギリスは13.7%、韓国は10.3％、スペインに至っては38.8％と大きな差がある。こうした雇用環境は安定した環境で腰を据えて働きたい外国人材にとって大きな魅力である。特にコロナ禍で自身の職が脅かされたり、周囲の友人が続々とクビになるのを目の当たりにしたりといった経験を経て、日本の雇用の安定性に惹かれる外国人材は増えている実感がある。

完全失業率（月次、季節調整済）

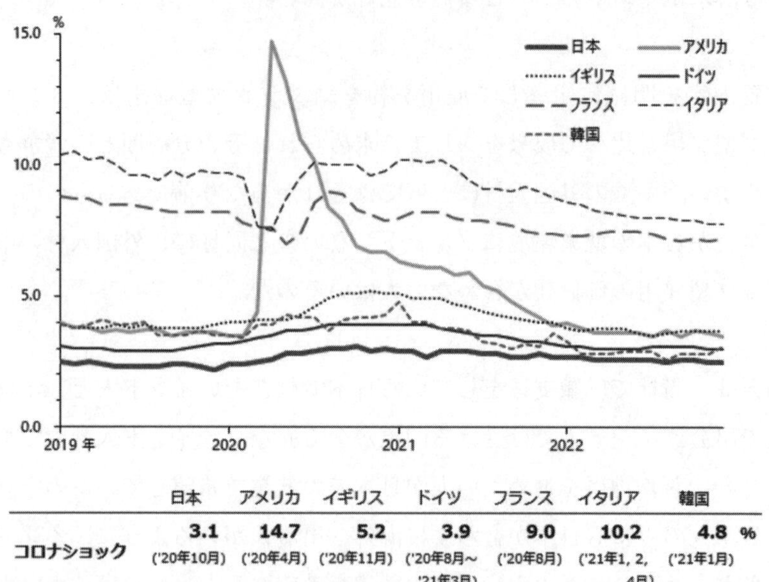

	日本	アメリカ	イギリス	ドイツ	フランス	イタリア	韓国	
コロナショック	**3.1** ('20年10月)	**14.7** ('20年4月)	**5.2** ('20年11月)	**3.9** ('20年8月～'21年3月)	**9.0** ('20年8月)	**10.2** ('21年1, 2, 4月)	**4.8** ('21年1月)	%
2022年12月	2.5	3.5	3.7	3.0	7.2	7.8	3.1	%

出典：JILPT　国際比較統計：完全失業率

また、雇用が安定しているからこそ日本は家族的な雰囲気の企業も多い。必ずしも業績に直結する働きばかりが重視されるわけではなく、時に職場の空気を良くしたりチームで楽しく働いたりするための行動が評価されることもある。いわば同じ釜の飯を食うことで一定の達成感が得られるようなところがあり、そこに存在意義を感じられる良さもある。日本で働く外国人材の中には、そうした風土から得られる安心感に居心地の良さを感じる人も少なくない。

メリット2　実務未経験でも採用される

ジョブ型雇用の場合は即戦力が基本となる。採用後の研修や教育体制はなく、たとえ大学を卒業したばかりの新卒社員であっても入社した瞬間からパフォーマンスの発揮が求められる。そのため大学の専攻に沿った就職をするのが一般的だ。また、学生のうちからインターンなどで実務経験を積む必要があり、そのままその企業に就職することも多い。

一方、日本の新卒採用は未経験採用である。新卒社員を自社で育てるスタイルが基本であり、育成にある程度の費用と時間を投資するのが一般的だ。その上で入社数年後にパフォーマンスを出してもらえればいいという考え方が主流だろう。実務未経験の素人から一人前まで育て上げる体制が整っており、ゆえに学生の専攻と志望職種が一致していなくても採用ができる。日本の大卒の就職率が97.3％（2023年４月時点）と非常に高い背景には、日本独自の新卒採用の仕組みも影響しているのだ。

アジア各国の大卒者の就職率

中国	過去数年間、80-90%の範囲で推移しているとされているが、都市部と地方部での格差が指摘されている。
インド	専攻や地域によって大きく異なる。技術やIT関連の学位を持つ学生は、比較的高い就職率を保っているが、全体としては50-70%の範囲であると言われている。
タイ	70-80%の範囲で推移しているとされている。
ベトナム	70%前後で推移しているとの報告がある。
シンガポール	非常に高く、90%以上とされている。
インドネシア	60-70%の範囲で推移していると言われている。
ミャンマー	具体的なデータは不足しているが、60%前後との推定がある。
韓国	70-80%の範囲で推移している。
台湾	75-85%の範囲で推移しているとされている。
フィリピン	50-65%の範囲で推移しているとの報告がある。

ASIA to JAPAN 調べ

注：2022 年１月時点の情報に基づく。これらの情報は概算であり、年度や経済状況、調査の方法などによって異なることがある。最新の正確な情報や詳細を知りたい場合は、各国の労働省や統計機関の公式サイトを参照することをおすすめする。

海外の場合、例えば趣味でプログラミングをやっている機械工学系専攻の学生が機械の開発や設計以外の仕事に就くのは狭き門だが、日本であれば機械工学系の専門を生かしてメーカーに入社し、機械の開発設計に携わりながらIoTなどプログラミング力を生かせる仕事も行うといったキャリアも築きやすい。就労ビザ発給の要件として大学の専攻分野と仕事内容が一致する必要性はあるものの、専攻分野周辺の仕事にも携われる可能性が高い点において、日本企業は非常に魅力的なのである。

メリット3　転職せずに様々な仕事を経験できる

メンバーシップ型雇用特有の制度であるジョブローテーションのメリットとして、1社で多数の仕事を経験できる点が挙げられる。

ジョブ型雇用の場合は職種別採用であり、採用された職種で経験を積むことになる。キャリアチェンジを希望する場合は転職するしか道はないが、ジョブローテーションであれば同じ会社に在籍したままそれが叶う。

いろいろなことを経験したいという外国人材は肌感では2～3割いる印象だ。外国人材全体の傾向としてキャリア思考が強いのは確かだが、中にはそうではない人も当然いる。将来何がしたいか分からないままとりあえず大学に進学した人もいるのであり、自身の得意分野や好きなこと、向き不向きが分からない人にとって1社で様々な仕事を試すことができるジョブローテーションはプラス要素なのである。

もう一つ、異動によって社内の人間関係をリセットできる良さもある。ジョブ型雇用の場合は基本的に同じ人間関係が続くため、周囲のメンバーとの関係性が悪化したときに環境を変えることが難しく、それが転職のきっかけにもなりやすい。その点、ジョブローテーションは同じ会社にいながら環境を変える手段にもなるのである。

実際に当社で就職支援をした外国人材からは「部署が合わずにつらかったが、異動して楽しくなった」といった声も上がってきている。会社自体に愛着があれば、ジョブローテーションによって退職を防ぐ効果もあるのだ。

ただし、ジョブローテーションにはデメリットもある。次からはメンバーシップ型雇用のデメリットを見ていこう。

デメリット1　職種が安定しない

メンバーシップ型雇用特有の総合職やジョブローテーションは、特定の職種でのキャリアアップを目指したい人にとってはデメリットとなる。専門性を高めたい人にとって入社後の配属先が分からず、また一定期間で仕事内容が変わることのリスクは大きい。

特に理系人材にジョブローテーションを懸念する声は多く、面接で聞く仕事内容が入社後にできるとは限らないことを知り、内定辞退となるケースは珍しくない。大学の専攻と将来の仕事が地続きな海外において、やりたいことが固まっている人の「この仕事がしたい」という意思は強く、大学時代にしっかり勉強して知見を深めてインターンなどで実績を積んでいる人ほどその傾向にある。

ただし23Pで触れたとおり、日本人の若手人材もまた職種が安定しないことへの不満を抱えている。国内の新卒採用を行う上でも、この点は企業側が制度を見直す必要があるだろう。最近はコース別採用や職種別採用を取り入れる企業も増えつつあるが、こういった動きは外国人材採用においてもプラスに働くはずだ。

デメリット2　転勤がある

転勤自体は海外の企業にもあるが、その対象は幹部クラスが主であり、若手社員がジョブローテーションの一環で転勤することはまずない。

そもそも多くの外国人材にとって、日本の転勤は理解しがたい制度に映る。海外企業の転勤には本人が納得できる明確な理由があるが、日本企業の中には「昇進前に地方転勤をさせるものである」といった慣習で転勤をさせることもあり、この場合理由がはっきりとせず、転勤の必然性が見出せない。

意図しない場所に会社都合で行かされることをマイナスに捉える外国人材は多いが、この点に関しても転勤を敬遠する日本人の若手人材が増えていることを考えれば、企業側が見直すタイミングにあるといえるだろう。実際に最近では本人の意思を尊重した上で転勤の辞令を交付したり、就業する地域を限定する勤務形態を採用したりする企業も出てきている。

デメリット3　新卒の給料が一律である

ジョブ型雇用を基本とする海外の場合、同じ大学出身者の１社目の就職であったとしても、大学時代の成績や実績によって各自の給料は異なる。同じ新卒とはいえ、職種によっても給料は異なり、たとえ同じ職種であっても学生のレベルに応じて給料は様々だ。

イメージとしてはプロ野球のドラフトに近い。ドラフト指名選手にプロ野球選手としての実績はないが、過去の成績や活躍度合いを踏まえて各選手に見合った年俸を提示するのであり、ドラフト指名１位と６位の選手で年俸が異なるのは当たり前だろう。海外の就職も同様に、世界ランキング上位の大学で高い成績を収めた人と、世界ランキング中位の大学でそれなりの成績を収めた人で給料が違うのは当然のことなのである。

対する日本の新卒採用は、極端にいえば高校野球で注目を集めた大谷翔平と無名の選手を同じ給料で採用するようなものだ。もちろん無名の選手が入社後に誰よりも活躍する可能性はあるものの、たとえ新人であっても実力や過去の実績に応じて給与が変わることが前提の外国人材にとっては違和感となる。

ゆえに、外国人材は学生であっても当たり前のように年収交渉を行う。日本の場合は新卒採用で年収交渉をする概念自体がなく、学生も内定時に提示された年収額をそのまま受け入れるものであり、その点は圧倒的な違いだろう。

当社でも新卒で採用したシンガポール人学生から、「私はシンガポール大学をこういう成績で卒業した。シンガポールで就職すると相場はこのくらいの金額で、さらにシンガポールと比べて日本は税金も高く、同じ金額でも手取り額はこのくらい差がある。だからもっと給料を上げてほしい」と内定を出した際に年収の交渉を受けたことがある。これは決してレアケースではなく、外国人材採用においてはよくある話であり、交渉の結果内定辞退となることも起こり得る。

新卒を一律給与で採用している場合は年収額に差を付けにくいものだ

が、企業によっては中途採用扱いにしたり、契約社員として採用したりといった方法で年収額を調整するケースもある。日本人と比較し契約社員であることをネガティブに捉える外国人材は少数であるため、年収額を引き上げられるのであれば契約形態の変更は受け入れられやすい。

仮に一律の給料で外国人材を採用したとしても、入社後の転職リスクは高い。というのも、日本と比べて海外では「今こういう仕事をしていて、このくらいの給料をもらっている」という話をオープンにすることが多い。日本でも「いくらもらっているの？」という話になることはあるが、「大したことないよ」などと濁す人がほとんどだろう。外国人材の場合はそこで具体的な金額を出すのだ。ゆえに周りと比較がしやすく、条件の良い転職先も見つけやすいため、お金を理由とした離職のリスクが生じる。特に同じ学部出身の大学の友人であればスキルセットが似通っており、友人の会社に転職もしやすい。

日本人の中には「お金よりやりがい」という価値観を持つ人も少なくないが、海外では「お金＝自分の価値」という感覚が強いため、「給与が低い＝自分の価値を低く見積もられている」のであり、同じような仕事をしている他社の友人より自分の給与が低いことに対して「安く使われている」と考える傾向は強い。入社時だけでなく、入社後数年間は同期と差が付かない給与設計になっている日本企業も多いが、成果が給与に反映されないこともまた不満の種になりやすい。平等主義によって優秀な外国人材の採用と定着が困難になってしまっている側面があることは知っておきたいところだ。

第3章

高度外国人採用で企業組織は何を得るのか？

第1　人手不足の解消は目的ではない

第１章で触れたとおり、日本企業にとって自社のダイバーシティ推進は重要なテーマである。日本の人口減少に伴う深刻な人手不足を補う手段として外国人材採用があることは確かだが、最も重要な観点は組織のダイバーシティを大きく前進できる点にある。

まず単純に、従業員の属性の多様化が実現できる。多様な視点や考え方を取り入れることが新たなビジネスチャンスやイノベーションにつながるというのは各所で指摘されているとおりだ。

文化的なバックグラウンドが異なれば、価値観や生き方は驚くほど異なる。当社にも外国人社員が複数名いるが、一緒に働く中での発見は多い。物事の見方について、半分水が入ったコップをどう捉えるかという例が使われるが、「そっち側から見るのか」と感じることは多々ある。

特に宗教上の違いは大きく、決まった時間にお祈りをしなくてはいけなかったり、一定期間断食をするラマダンがあったりするムスリムのことを知らなければ、グローバル展開時に彼ら・彼女らにどのようにアプローチをするべきか、適切な戦略は立てられない。

もう一つ重要なのが、従業員の多様性への理解が深まるという効果だ。

インドを例にすると、おおよそ14億人が暮らすインドには28の州があり、州ごとに言語や宗教は異なる。州の自治性も高く、法律やルールも各州で定められている。いわば各州が独立した国のようなイメージであり、インドという国自体がアジアやヨーロッパのような複数の国の集合体に近い。

要は、インドという国そのものがダイバーシティを体現しているのである。そのような環境で育ってきたインド人にとって、「母国語が違う人と英語で話す」「宗教が違う人がいるのは当たり前」といったことは生まれながらに直面してきた日常だ。

インド以外にも、例えばマレーシアはマレー系約70％、中華系約23％、インド系約７％と複数の民族が暮らしており、言語はマレー語、中国語、タミール語、英語の４言語が使われ、宗教はイスラム教が64％、仏教が19％、キリスト教が９％、ヒンドゥー教が６％と様々。他にシンガポールもまた他民族・多言語国家であり、多様性を前提として成り立っている国は少なくない。

逆にいえば、島国ですぐ隣に異国や異文化がある感覚がない日本は極端に多様性がない国だともいえる。ずっと「日本」として国が存続していること、江戸時代におおよそ200年もの間鎖国をしていたことなど、歴史的背景に鑑みても異質さへの耐性は低いのかもしれない。

さらにいえば、日本のビジネス界は中高年の男性を中心に回ってきており、国としての多様性がない中で、日本企業はさらに多様性を失っている。そこに多様性への理解が深い外国人材が入ることの意味は大きいだろう。

2040年に日本が目標のGDPに到達するためには674万人の外国人材が必要であり、その未来では９都県の労働人口の10人に１人が外国人材となる。その時、一緒に働く人々の国籍は様々だろう。全ての国の背景を完璧に理解することができないからこそ、「みんなそれぞれ違う」という多様性の基本を理解し、組織のダイバーシティを実現することが重要だ。

そして、その第一歩として外国人材採用は有効なのであり、それがひいては女性やシニア、障害者など、あらゆる人への理解を深めることにつながるはずだ。

第２　異なる視点や創造性の具体例

バックグラウンドが異なる外国人材は、具体的にはどのような点で視点や考え方が異なるのか。いくつか例を紹介する。

「とりあえずやってみる」の感覚

日本人は完璧主義といわれるが、たしかに日本は海外と比べ、何か新しいサービスを始める際に完璧に準備ができてから世の中に出そうという意識が強く、受け手もまた不完全なものに対する寛容性は低い傾向にある。それによって規律正しく安心安全な日本の環境が生まれている面もあるが、完成した製品の実際の利用場面で想定との差異が生じやすく、完成品としてリリースしている分、修正もしにくいといった事態にも陥りやすい。

一方、多くの国では「その都度最適化を図る」という考え方がベースにあり、たとえ行政であっても「とりあえずやってみる」という色が強く、世の中に出した反応を見ながら改善し、完璧に近づけていく考え方をする傾向にある。特にITサービスの場合、リリース後の修正は容易であり、バグが発生したら都度修正すればいいという発想だ。海外と比べて日本のIT化やDXは遅れているといわれるが、その原因の一つはこうした考え方の違いもあるだろう。

こうしたトライアンドエラーの感覚は、自社のDXを進める上で参考になるはずだ。また、同じやり方を日本国内に適用すると炎上しかねないが、自社システムを海外でローカライズして展開する場合であれば、多少のバグがあってもリリースしてしまうという判断もできるだろう。計画立てて物事を進める良さもあるが、外国人材の臨機応変な対応力や楽観性から学ぶところは大きい。

「とりあえずやってみる」のスタンスは新卒社員にも当てはまる。当社の場合、日本人の新卒社員は１から10まで理解してから作業を進める傾向にあり、その分依頼者の説明の負担が大きかったり、言われたとおりのアウトプットを出すことに一生懸命になるあまり、目的を忘れたまま作業を進めてしまったりすることもあるが、外国人材の新卒社員は「とりあえずやってみる」で進める人が多い。

最終的な結果が期待とズレることもあるため作業途中の確認が必須だが、トータルで考えると依頼者側の負担は少ないことが多い。また、目的を踏まえ自分で考えながら作業を進めるため、依頼者の裏の意図を汲み取ってくれるケースも多いように感じている。

一方で、できるかどうかが分からないにもかかわらず、「できる」と答えてしまう外国人材も一定数いる。「たとえ今できなくてもどうにかなるだろう」という発想が根底にあり、聞かれた時点で確信がなければできるとは答えない傾向が強い日本人とは大きく異なる。

効率化への意識

日本やベトナム、中国など「先生のいうことを聞く」ことが良しとされる国ではまた傾向が異なるが、外国人材の中には、アウトプットは日本人と同じであったとしても、そのプロセスは自分で考えた最も効率的な方法を採用していることがある。

当社の事例だが、外国人社員に今後も継続的に発生する業務を依頼すると、マクロを組むなどして次回から簡単にできるように仕組みを整えていることがある。日本人の場合は依頼どおりに作業をする人が多く、この点は特徴的な違いだと実感している。

象徴的なのは、計算式を組んだエクセルシートの作成をシンガポール人のマーケティング担当者に依頼したところ、エクセルシートの代わりにシステムが出てきたことだ。今後も同様の依頼が続くであろうことから「毎回エクセルシートを作るのは無駄なので」とシステムを作成したそうで、想定とは異なる解決策に驚いたが、期待以上の便利なシステムが完成し、重宝している。

残業、休日勤務の感覚

「就社」がベースにある日本では「会社のために」という思いが強い。会社への忠誠を示す意味で長く働いたことが評価され、それが残業や休日勤務につながることも多い。

一方、外国人材は「就職」の考え方ゆえに「給料分の職務を全うする」感覚が強く、残業や休日勤務へのアレルギーは強い。海外では職務を全うできなければクビになりかねないため、業務時間内は成果に対して一生懸命働くものの、それを超える作業時間が求められる場合は「仕事を与える側の見積もりが甘い」と考え、状況によっては人員を増やすことを要求したり、退職したりといった選択肢を取りやすい。

成長意欲と評価

日本で働いている外国人材は、総じてチャレンジ意欲が高い。母国を出て日本で就職するのは大きな決断であり、「家族の元を離れたからには成果を出さなければ」という意識が強い。

そもそも日本に来る高度外国人材のほとんどが高学歴であり、各国の競争に勝ち抜いてきたトップレベルの人材だ。特に中国やインドなど人口が多い国は競争社会であり、「せっかく日本に来たのだから一旗あげてやろう」という気概を持つ人が多い傾向にある。他にシンガポールや香港も国内、域内に大学の数が少なく、日本のように全員が大学に入れるわけではないため、そこを突破して大学に進学した学生には意欲的な人が多い。

その分、日本人以上に仕事を頑張る傾向にあり、評価を気にする人が多いため、評価に納得できない場合に退職リスクが生じる。日本企業では新卒入社からの数年間はあまり同期と給料の差が付きにくいが、平等すぎることによって「わざわざ日本に来たのにこれしか給料が上がらないのか」と不満を抱く可能性があることは念頭に置いておきたい。

会社を辞めることへの考え方

日本と海外では、会社を辞めることに対する考え方が根本的に異なる。外国人材の所属意識は、いわば野球やサッカーのプロ選手のような感覚に近い。実力と自身のキャリアを軸に働く場所を決めるのであり、より良い就業先があれば移るのが自然なこと。就業環境が悪ければ「なぜつらい思いをしてまで同じ会社で働かなければいけないのか」という考え方をする傾向にあり、日本人が退職時に抱きがちな「会社を辞めて申し訳ない」という気持ちは希薄といえるかもしれない。

ただし、これは日本人の若手人材にも同様のことがいえるだろう。外国人材の退職に対する価値観は、日本人との違いというよりは従来の日本人ビジネスパーソンとの違いであり、実は日本の若手世代にも同様の価値観を持つ人が増えている。求人倍率が高く、転職が容易な今、不満を抱いたまま我慢して会社に居続ける理由はないのだ。「最近の若い世代も外国人材も我慢が足りない」と嘆くのではなく、企業も世の中の変化を踏まえ、自社の価値観を見直す転換期にあるのだろう。

退職することへの負い目が少ない分、退職後にフラットな関係性を築きやすい良さもある。最近では日本企業でもアルムナイネットワーク（退職者とのネットワーク）を用意し、会社を辞めた後も退職者との接点を持ち続けることで再雇用やビジネス協業につなげようと考える企業が増えているが、この考え方は外国人材に対しても有効だ。海外で事業を展開する際、母国に帰った外国人材と再び一緒にビジネスを行える可能性も生じる。

良い例がベトナムだ。日本企業がオフショア開発の拠点とすることが多いベトナムでは、日本の開発会社で数年間働きながらビジネスの仕組みや開発の進め方を覚えたのち、ベトナムに戻って自身で開発会社を起業し、かつて働いていた日本企業の案件を受けるケースが増えている。

日本企業の視点で見れば、退職という事実はマイナスだが、その人が10人のベトナム人エンジニアを率いる開発会社をベトナムで立ち上げ、そこがオフショア開発チームとなることを考えれば、「１名の退職」は「10人のプロジェクトチームをリードする外部人材」に変わる。自社の新たな外注先になり、さらには自社のことをよく理解している元従業員が指揮を執っているため仕事もスムーズに進む。何より「かつて一緒に働いていた人」という信頼感があるのは大きい。

ベトナムでは、日本の開発会社を経てベトナムで起業することが一つの成功モデルになりつつあり、将来的な起業を視野に入れて日本での就業を希望する人も出てきている。ベトナム人にとっては手堅いビジネスモデルであり、実際に100、200では利かないほどの開発会社がベトナムで立ち上がっているのだ。

もちろん簡単に辞めてほしくないというのが企業の本音ではあるが、退職後に別のかたちでともにビジネスを行うことができる可能性があることは念頭に置いておきたい。これは外国人材に限った話ではないが、退職の意思を示されたときに相手を批判したり迷惑そうにしたりするのではなく、「今後何かしらのかたちでビジネスのつながりを保つためにどうするか」という視点を持って対応することが重要だ。その際、直属の上司など、本人と距離が近い人ほどメンバーの退職による実務上の影響が大きく、その分感情的になりやすいため、退職面談は経営層や上位管理職をアサインすると今後につなげるための動きがとりやすいだろう。

日本の終身雇用もかたちを変えつつあり、転職はそう珍しいものではなくなった今、「会社を辞める」ことへの考え方も見直すタイミングといえるかもしれない。

第３　組織や社員の国際性とチャレンジ精神の醸成

外国人材の受け入れは、自社の従業員の国際性を醸成することにもつながる。グローバル展開を考えているのであればなおさら、異文化への慣れや関心が不可欠だ。

それを実感した出来事がある。筆者がベトナムに滞在した際、常に日本人同士で固まり、日本食を食べながら現地のネガティブな点ばかりを指摘する駐在員を目にした。日本と現地の文化を比較しては違和感を抱き、バックグラウンドの違いから来る考え方の違いを「自分と違うことをしている相手が悪い」という発想で受け止めてしまっていたのだろう。それは異国の地でただ耐えるだけの期間であり、企業側の期待からはかけ離れてしまっている。

「相手が悪い」ではなく、「現地の考え方はこうなのだ」と受け止めるには、事前の慣れが必要だ。海外勤務前に現地の人と一緒に働く機会があればベストだが、そうでなくとも日本で異文化に慣れる期間を設けられるといい。外国人が全くいない日本企業からいきなり外国人しかいない現地企業へ行くのではなく、日本企業内に外国人がいればグラデーションがつけられる。いきなり異国の地でこれまでとは異なる価値観の人たちと仕事をするのではなく、自社の国際化によって「違いを楽しむ」ための準備ができるのだ。近年は日本の若者の海外離れが指摘されているが、自社の外国人メンバーと交流をすることによって、外に目を向ける機会にもなるかもしれない。

なお、当社の副社長も起業当初は綿密な海外出張の計画を立てて物事を進めるタイプだった。しかし、海外とやりとりをする中でメールの返信が数日間来なかったり、海外出張時に想定したスケジュールどおりにいかなかったりといった経験を繰り返す中で、「自分がきっちりしすぎているかもしれない」と思うようになったという。このように異文化と触れる中で慣れていくことはできるのだ。

こうして柔軟性を身につけ、変化に慣れることはチャレンジへのハードルを下げることにも通じる。従業員にとって、これまでいなかった外国人材が同僚になるのは分かりやすい変化だ。最初は戸惑いもあるだろうが、それを乗り越えることこそがチャレンジングな風土を育む。

成長意欲が高い外国人材が組織に与える影響もまた大きい。当社が外国人材採用を支援した日本企業からは、「研修への取り組み姿勢が全く違う」というフィードバックをいただくことがある。日本人は「あくまでも研修」という感覚が強く、学校感覚で受ける人もいるが、外国人材は「研修から何かを得なくては」という意識があり、「研修の成果発表会に参加した経営陣が外国人材のプレゼンテーションを聞き、日本人との違いに驚いていた」といった声も耳にする。その結果、モチベーションの高い外国人材に触発され、他の日本人社員の研修への取り組み姿勢が変わったという企業も多い。

外国人材採用をする理由の一つとして、「日本人よりも高い確率で突出した能力を発揮する人が採用できる」ことを挙げる企業もある。そういう人材に感化されて組織は変わっていくのであり、外国人材が定着し、着実に社内でステップアップしていくことは、従業員の成果や実績をフラットに評価している何よりの証拠にもなり、それが組織を強くしていくことにつながるのだ。

第４　外国人に良い組織は日本人にも良い組織

若年層の求人倍率は過去例がないほど高い。今後の少子高齢化を考えれば、この先さらに上がっていくだろう。若手人材にとって転職がしやすい状況は続くのであり、彼ら・彼女らにとって魅力的な職場にならなければ離職リスクもまた増していく。若手人材にとって一つの会社に我慢してぶら下がる必要はないのであり、「このくらい我慢するのが普通だろう」というミドル世代の感覚は通用しないのだ。政府もまた退職金課税の軽減措置を見直そうとするなど、社会全体が転職ありきになりつつある。

だからこそ企業は従来の制度や仕組み、価値観を見直す転換期にある。そして、外国人材採用はその好機でもあるのだ。なぜならば外国人材が抱える日本企業への不満は、日本人の若手人材が抱える不満とほとんど同じだから。外国人材採用をきっかけに社内を変えることは、若手人材の満足度を上げることにもつながるのである。

例えば、長期休暇の考え方。ワークライフバランスを重視する若手人材は多いが、職場によっては有給取得がしにくく、休むことに負い目を感じてしまうこともある。一方、外国人材は当然の権利として有給を取る傾向にあり、むしろ有給が残っているのはもったいないくらいの感覚を持っている。「年末年始休暇があったばかりなのに春節で1週間も休むなんて」と考えてしまいがちだが、そうやって外国人材が気軽に有給を取得することによって周りの人も休みやすくなっていけば、結果として若手人材をはじめ、従業員全体の満足度を上げることになる。

他にも、外国人材採用が進むと日本人同士の阿吽の呼吸が通用しなくなる。「上司のグラスが空いたら注がなければいけない」「料理の取り分けは若手の仕事」といった暗黙のルールも、外国人材は知らないからこそ無視してくれる。それによって社会に出て間もない若手社員を悩ませる不文律はなくなっていくのだ。

社内に多様な国の人材が増えればバックグラウンドの違いによるトラブルや混乱も生じるが、それもまたルールとして明文化するチャンスだ。例えばオンライン会議を行う際、日本人の多くはミーティング開始時刻に参加している状態が当たり前だと考えるが、開始時刻にセットアップを始める外国人材も少なくない。その背景には国ごとの時間感覚の違いがあるのであり、だからこそ「5分前からセットアップを始める」といった「言わなくても分かるだろう」と思ってしまうようなことも明文化する必要がある。就業規則とは別に社内ルールとして明記した根拠があれば、言われた側も納得しやすい。

明文化が進めば、「何か飲みたくない？」と上司がいったら、「なんとなく部下が飲み物を用意しなければいけない空気がある」といった暗黙の了解に対し、しなければいけないことではないにもかかわらず、できない人に対して「気が利かない」という烙印が押されてしまうようなことがどんどんなくなっていく。バックグラウンドが異なる外国人材の忖度しない言動は、なんとなくでやっていたことを見直す良いきっかけになるのであり、それによって全従業員の不満を解消し、定着につなげていくことができるのだ。

第5　ネットワークの広がり（IIT卒業生はなぜ求められるのか？）

外国人材の採用は、自社がアクセスできるネットワークを拡大させるメリットもある。

調べ物をする際、ほとんどの人はまずインターネットで検索をするが、検索結果のほとんどは英語であり、日本語の情報は全体のわずか３％ほど。外国人材の多くは英語が堪能であり、さらに外国人材の母国語の情報にもアクセスできるため、情報量には雲泥の差が生じる。

また、詳しい人にヒアリングをする場合にも、自社の外国人材の知人を頼ることができる。中でも強力な人的ネットワークを誇るのがインドだ。人口に対し自国のマーケットが小さく、世界的な企業や給与水準が高い企業がないインドでは、優秀な人ほど海外に行く傾向がある。

特にインド最高峰の理系大学群であり、世界で活躍するリーダーやエンジニアを輩出するインド工科大学（IIT）では欧米の大学院に奨学金を受けて進学するケースもあり、学生時点から海外へ出てそのまま現地で就職することも多い。卒業生の就職先はGAFAMをはじめ世界的なテックカンパニーや新進気鋭のスタートアップなど、最先端のテクノロジーやビジネスを行うグローバル企業であることがほとんどだ。

さらに、IITには卒業生が登録するアルムナイネットワーク（卒業生のネットワーク）があり、世界中で活躍する優秀なIIT出身者同士が積極的につながっている。そこに外国人メンバーを通じてアクセスし、知見を得られるのは企業にとっても大きなメリットだ。日本にも例えば慶應義塾大学に「三田会」という同窓会組織があるが、そのメンバーが日本だけでなく、世界中に点在しているのは大きな違いだろう。

なお、先述したエクセルシート作成の依頼に対してシステムを構築したシンガポール人のマーケティング担当者は、もっと効率的な方法があるのではとシリコンバレーで働くエンジニアの兄に相談した結果、兄の友人のGoogle社員から適したシステムについて教わり、独学でプログラミングを勉強してシステムを自作したそうだ。外国人材のネットワークは広く、かつ世界中にわたることがよく分かる事例だろう。

第6　採用が容易になる

外国人材採用を行うことで採用の対象は全世界に広がり、採用の母数は格段に増える。それだけでも優秀な人材の採用はしやすくなるが、他にもいくつかポイントがある。

外国人社員経由のリファラル採用が起きやすい

外国人材採用を行う日本企業がそう多くはない現在、日本での就職を希望している外国人材の就職先は限られる。そのような中で口コミの効果は大きい。知人が働いている安心感もある。自身に置き換えて想像しても、他国でゼロから就職先を探すのと、既に日本人の知人が働いている会社を紹介してもらうのとでは、後者の方がハードルは低いだろう。特に日本語ができる外国人材の場合、日本語学習者のネットワークがあることが多い。日本で働き、生活する様子を母国の友人や日本語学習仲間が SNSなどで見て、「自分もこの会社で働きたい」と動機付けされることが起きやすいのだ。

ゆえに、外国人材が知人を紹介してくれる可能性は想像以上に高い。感覚的には外国人材採用を行っている企業の３割でリファラル採用が発生しており、早ければ最初の外国人材採用の翌年から外国人社員経由での採用が実現している。あるコンサルティングファームを例に挙げると、従業員のうち中国人メンバーがおおよそ10％を占めているが、その多くがリファラル採用だという。自社の外国人社員が増えるほどリファラル採用の可能性は上がり、うまくいけばコンスタントに既存の外国人社員を起点とした採用ができるのだ。

当社の新卒採用でも、北京大学出身者を毎年採用できている。同大学出身者のメンバーからのつながりで応募が来ており、先日もインターン募集をしたところ「インターンを希望します。将来的には貴社で働きたいです」という応募が１日で３人あった。北京大学は中国のトップ大学であり、日本でいう東京大学にあたる。そのような人材が安定的に採用できるのは、外国人材採用ならではの利点だ。

一つの大学でまとめて採用ができる

現地に赴いて一つの大学で採用を完結させることもできる。実際に「この部署はこの大学から全員採用しよう」と、部署単位でそういった採用を行う例もある。ある程度外国人材採用に慣れてきたら、こういった大胆な採用ができるのも魅力だろう。外国人材の受け入れにあたり不安材料となる孤独感や日本語力の問題も、同一大学でまとめて採用を行えば横のつながりによりクリアできるところが大きい。採用も入社後のフォローもグッと楽になるはずだ。

内定期間中の辞退が起きにくい

早期化する日本の新卒採用では、3年生の夏からインターンシップに呼び込み早期選考を行い、1年後の就活解禁に伴い内定を出したら辞退されることも珍しくない。一方、外国人材採用であれば好きなタイミングで自由に採用を行うことができ、競合となる日本企業が少ない分、内定期間中の辞退が起きにくい。

ゆえに早期に外国人材採用を行い、優秀な人材を確保してから国内採用を行うことも、反対に国内で採用しきれなかった分を外国人材採用で補うこともできる。フレキシブルな採用ができ、内定期間中のリテンションの工数も削減できるのだ。

日本語力を求めなければ、世界中から採用ができる

日本は新卒採用難が課題だが、世界を見渡せば若者の就職難が深刻だ。コロナ禍で企業が採用を抑えたことで、より大卒者の若者が余ってしまっている。そもそも新卒と中途で採用が分かれている国は少なく、大卒者は未経験や経験が浅くてもOKな求人に応募をすることになるが、採用を厳選する企業が増えたことでそのような求人が限られてしまっている。現場作業員などワーカーレベルの求人は多数あるが、大学を出た若者はそれを望まず、かといって希望の仕事は企業が求める即戦力の水準にいたらないという状況だ。

この状況を逆手にとった採用ができれば、世界中の優秀な新卒者の採用市場を日本企業が独占することもできる。採用ターゲットが世界中の人材になれば、人材採用で悩むことはなくなり、ビジネスチャンスが広がり、外国人材を通じたグローバルな人的ネットワークが拡大する。

これを実現するには日本語要件の緩和が不可欠だ。現状は外国人材採用を行う日本企業の多くが日本語力を求めており、それによって対象となる外国人材が相当限られてしまっている。そこさえクリアできれば、日本企業の新卒採用は圧倒的に優位になるだろう。

その有効な手段が、社内の外国人材を増やすことだ。先に挙げたコンサルティングファームのように従業員の中国人比率が10％にまでなれば、いわば社内にチャイナタウンがあるようなものであり、中国人社員間でコミュニケーションが完結する場面も増えることから、日本語の要件を大幅に緩和することができる。

外国人社員が増えていけば、さらに外国人材が集まりやすくなる好循環

世界一合理的な採用システム、インド工科大学プレースメント採用とは

インド工科大学（以下、IIT）とは、全部で23のカレッジからなるインド最高峰の理系大学群だ。入学試験は世界最難関といわれており、Google CEOサンダー・ピチャイ氏をはじめ世界で活躍するリーダーやエンジニアを多数輩出するなど、優秀な理系学生の宝庫として知られている。世界中の企業が IIT 学生の採用に乗り出しており、優秀な学生を獲得しようと数千万円のオファー金額が積まれ、大きなニュースになることも珍しくない。

IIT は世界第１位の人口を誇るインド国内から、優秀かつモチベーションの高い学生が集まる大学だ。現にインド政府教育省が発表するインド大学ランキングのトップ10にはIITから７校がランクインしており、その入学試験の合格者は受験者100万人に対しわずか１万6,000人。約2,500万人のインド国内の18歳人口のうち上位0.06%しかIITに進学することはできず、その競争率の高さから「世界で一番難しい入学試験」といわれる。

その競争を勝ち抜きIITに進学した学生たちは地頭の良さだけでなく、上昇意欲や目標に向かって突き進む力、多民族・多言語の環境下で競い合いながら育つ中で培ったリーダーシップを兼ね備えている。世界で活躍できる高いポテンシャルがあるのだ。

人気のコンピュータサイエンス学部の卒業生の中には初年度から年収数千万円をもらう人もいるが、実は卒業後の年収は80万～6,000万円まで大きな差が生じており、高額のオファーを受けるのは一握りの学生だ。

というのも、インド国内の大卒者の初任給平均額は４～5万円程であり、年収にして48～60万円。IITの学生がインドトップクラスの優秀層であるのは事実だが、インドの年収水準を考えれば、国内就職の場合それほど高額な収入を得られるわけではないのだ。

だからこそIITの学生は海外で働くことに前向きな人も多く、ポイントさえ押さえれば、日本の標準的な年収でも十分に採用のチャンスがある。当社は23のカレッジ全てとコネクションがあり、日本企業のIIT学生の採用支援を毎年行っているが、これまでサポートをした全ての企業がオファー承諾を得ることができており、2022年度は130名を超えるIIT学生採用を実現している。

が生まれる。ウェブサイトの社員紹介ページに外国人社員がいる会社と全員日本人の会社、外国人材がどちらに興味を持つかは明白だろう。だからこそ、まずは最初の一人を採用し、リファラル採用の流れをつくり、外国人材を増やしていきたい。

ここで紹介した以外にも、外国人材を採用することで「こういう面でも有益だったのか」と実感する場面は多々あるはずだ。最初は人材不足の解消を目的に外国人材採用を始めた企業であっても、外国人材の受け入れ後に別のメリットを感じているケースは多い。この点は第７章の企業事例をぜひご覧いただきたい。

IIT独自の仕組み「プレースメント」とは

IITには独自の就職の仕組みがあり、同校の学生の採用を希望する企業は「プレースメント」と呼ばれる大学主催の採用面接会に参加する必要がある。学生を学業に専念させることを目的に、就職活動の期間やルールを大学側が厳密に管理しているのだ。プレースメントの期間外や別ルートで学生にアプローチしたことが判明した場合、以降のプレースメントには参加できないというペナルティ措置が取られるほどの徹底ぶりである。

プレースメントは各カレッジで行われ、曜日にかかわらず、毎年12月１日午前０時にスタートする。期間は決まっていないが、ピークは最初の５日間であり、優秀な学生の多くはこの間に就職が決まる。

スケジュールは大学が管理しており、期間中に該当する学年の全カレッジの学生おおよそ１万6,000人が一気に就職活動を行うことになるため、採用効率は非常に良い。詳細は後述するが、面接からオファー承諾までは１日で完了し、辞退率は５～10%程度と低いのが特徴だ。

従来はインド現地まで赴かなければならなかったが、コロナ禍を経てプレースメントはオンラインでも行われるようになり、採用効率はより良くなった。2023年はオフライン・オンライン並行で開催されており、オンラインでの実施は以降も続くことが予想される。

オフライン・オンラインを問わず、プレースメント期間中は参加企業に６時間の「スロット」と呼ばれる面接枠が１回割り振られる。企業はその６時間のスロット内で事前に選定した全ての候補者と面接を終えなくてはならず、２次面接、３次面接と面接を重ねる場合であっても「必ず６時間の中でオファーを出す」のがルールだ。

事前に企業は学生に向けて募集要項を出し、そこに対して応募があった学生のレジュメを確認した上で面接をする学生を選ぶことになるが、数百もの応募があることも珍しくなく、中には応募数が5,000人に及ぶこともある。母集団形成が容易である一方、一つ一つを確認し、選ぶ作業はかなりの工数となる。

学生側は面接のオファーがあった企業の面接を受けるわけだが、面接を受ける順番は企業に割り振られたスロットの日程に準ずる。６時間のスロットが終わったのち、オファーが出なかった場合はそれ以降に予定されている面接を受けることになり、オファーが出た場合は当日中に承諾する・しないを決めなくてはならない。複数のオファーがあった場合は就職する１社を決めなくてはならず、仮に全てのオファーを断った場合、その学生はそれ以降のプレースメントに参加することはできないため、「オファーが出る＝就職先が決まる」であり、日本のように複数の内定を確保し、数日間の検討を経て後日辞退するといったことはできない。

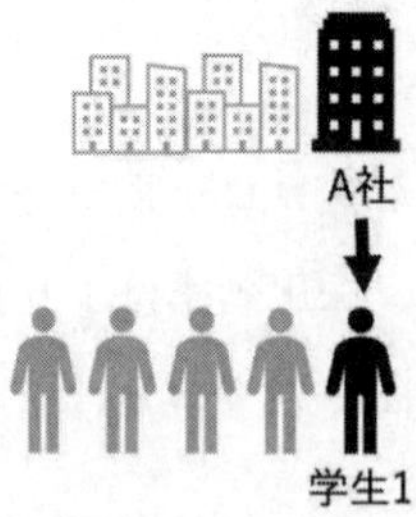

A社が学生1にオファーした場合

A社のオファーを承諾した場合
オファーがあった他の企業は全て断る
翌日以降のプレースメントへ参加できない

いずれか1社のオファーを承諾
学生1はその日のオファーから1社を選び、オファーを受ける
すべて断って、翌日のプレースメントに参加することは不可

IITのルール　ASIA to JAPAN作成

つまり、優秀な学生は自然と早い日程でいなくなっていく。できるだけ早い日程に参加したいところだが、参加日程は過去の採用実績や Cost to Company（会社が学生に対して１年間に支払う総額／略称、CTC）を基準に大学側が設定するため、企業が選ぶことはできない。

プレースメント採用成功の鍵

重要なのは、自社のプレースメント参加日程を予測しながら面接をする学生を選定することだ。トップレベルの学生にはプレースメント初日にオファーが出る可能性が高く、その場合学生はオファーを受けようが受けまいが以降のプレースメントには参加できなくなるため、例えば自社の参加日程が３日目だった場合は面接すらできなくなってしまう。反対に、面接のオファーを出した学生とは必ず面接をしなければならないため、他社で決まるだろうと多めに面接のオファーを出した結果、予想より多くの学生と面接ができることになってしまい手が回らなくなるケースもある。

つまり想定していた面接人数10人に対し、優秀な学生ばかりを狙いすぎた結果２人としか面接ができなかったり、あるいは要件をゆるめすぎて15人と面接をしなければならなくなってしまったりといった事態が起こり得る。ゆえに自社の参加日程予測を元に、その日程まで残っているであろう学生を見極める目が採用の成否を左右するのだ。

ポイントの一つは、カレッジよりも学部を重視すること。企業はどのカレッジのプレースメントに参加するかを自身で決めることになるが、IITの23のカレッジはOld IITとNew IITに区別され、大学ランキングの上位にランクインしているのはOld IITであり、一見すると最優秀層の学生はOld IIT に集まるように思える。

実際は、学生は入学時に大学名よりも学部を優先する傾向にある。入学試験をクリアした学生は成績優秀者から順に希望のカレッジと学部を選んでいくことになり、最も人気のコンピュータサイエンス学部から定員が埋まっていく。つまりインドの大学ランキング1位であり、Old IITのIITマドラスの機械学科の学生よりも、New IITのコンピュータサイエンス学部の学生の方が入学試験の成績は良い可能性が高いのだ。どのカレッジであってもコンピュータサイエンス学部の学生がIITの中でもトップクラスに優秀であることに変わりないのである。

そのため人気のコンピュータサイエンス学部の学生を採用したいのであれば、あえてOld IITを避けるのも戦略の一つだ。基本的にコンピュータサイエンス学部の学生はカレッジに関係なく、プレースメント初日にオファーが出て、いなくなってしまう可能性が高いため、「自社が初日のプレースメントに参加できそうなカレッジ」という視点を持つことが重要だ。

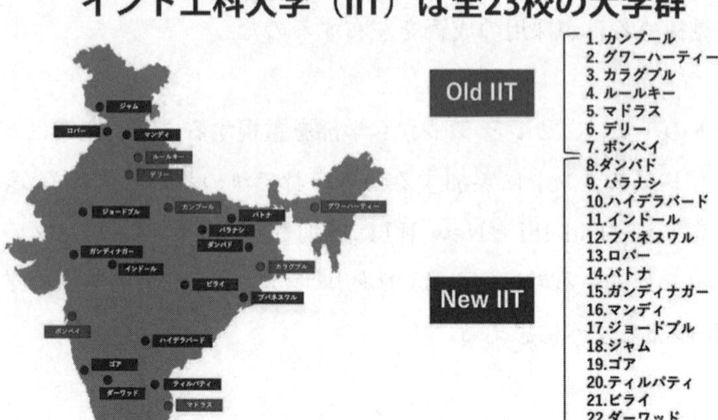

IITのロケーション　ASIA to JAPAN作成

また、学生にオファーを出す際のキーとなるのが、Cost to CompanyことCTC。CTCは年収に加えストックオプション、渡航費用、住宅補助費用など、学生に対して支払うトータルのコストを指す。複数のオファーがあった場合、ほとんどの学生はCTCが高い企業を選ぶため、CTCの見せ方にも工夫が必要だ。

もう一つ、採用成功の鍵となるのは、最適なジョブディスクリプションの用意だ。学生はジョブディスクリプションを詳細にチェックしているため、「入社して何ができるのか」「学生が希望する業務や専門と仕事内容が合致しているか」が学生に分かるように作成する必要がある。ジョブ型雇用が主流の海外では、日本の総合職採用は理解されにくく、ミスマッチが生じやすいので気を付けたい。

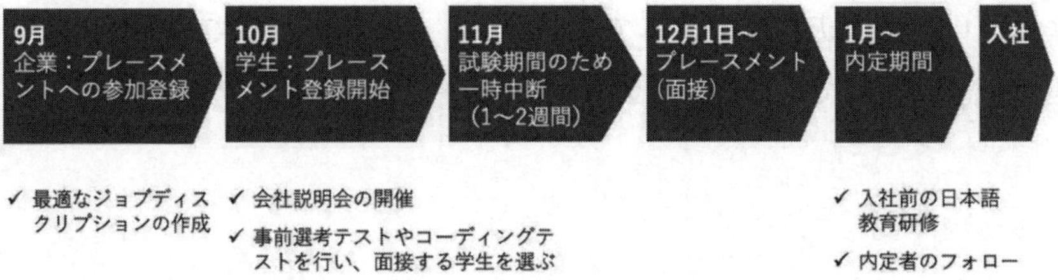

IIT採用のスケジュール　ASIA to JAPAN作成

IITは日本企業のプレースメント参加を歓迎している

実は、IITは日本企業のプレースメント参加に積極的だ。当社の元には「日本企業の今年の参加希望状況はどうか」というアプローチメールが定期的に届いている。

その背景には日本企業への信頼感がある。大学にとってプレースメントは、大学が学生におすすめの企業を紹介するようなものであり、参加企業と学生の間のトラブルは大学の信頼を落とすことにつながりかねない。だからこそ大学としてはきちんとした企業を集めたいわけで、そのニーズに日本企業が合致しているのだ。日本での生活支援や研修、オンボーディング対応、日本語教育のサポートなど、内定期間中や入社前後に手厚いフォローを行う日本企業は、IITにとって学生に安心してすすめられる就職先として映っているのである。日本独自の新卒採用システムやメンバーシップ型雇用の特殊性が功を奏しているというわけだ。

IIT学生は世界的に人気かつ高収入なイメージが強く、ゆえに日本企業の年収水準で採用はできないと思い込んでいる日本企業は少なくないが、日本語力さえ問わなければ世界で戦える超優秀な学生を日本人の新卒とさほど変わらない年収で採用できる。外国人材の受け入れに慣れてきたら、エッジの立った天才エンジニアを採用するチャンスとして、ぜひIIT採用も選択肢に入れていただきたい。

第4章

外国人採用の始め方

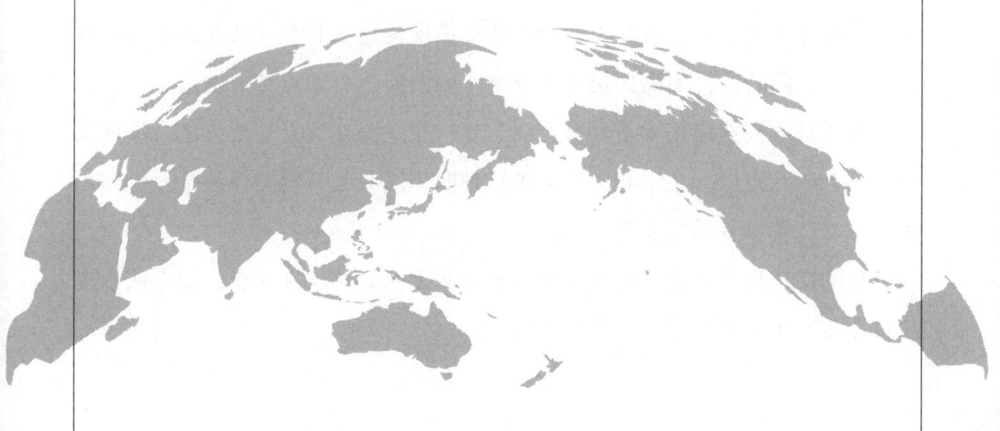

第1　外国人の採用、日本人の採用

これから「外国人の採用」を始めようとした際に、まず理解しておくべき重要なポイントは、外国人の採用は日本人の採用と全く同じ人事オペレーションを行った場合には、法令違反となる場合があるということだ。

日本に在留する外国人も労働関係法令の適用場面では、日本人と同様に同じ法律が同じように適用される。これは、労働施策総合推進法に基づき策定された「外国人労働者の雇用管理の改善等に関して事業主が適切に対処するための指針」（平成19年厚生労働省告示第276号）にも「労働者の国籍にかかわらず、」「労働関係法令及び社会保険関係法令は適用されるもの」と明記されている。

しかし、「労働関係法令及び社会保険関係法令が国籍に関係なく等しく適用されること」と「日本人を雇用する場合と同じオペレーションをすれば良い」ということは同義ではない。

むしろ、外国人雇用において注意すべきポイントは「日本人を雇用する場合と同じオペレーションをしたら法令違反になる」ケースがあるという点であり、同時に、実際に最もトラブルの原因となる点でもある。

この「日本人を雇用する場合と同じオペレーションをしたら法令違反になる」という点は、主として出入国管理関係法令と労働関係法令との間のギャップに基づき発生する。

具体的に「日本人を雇用する場合と同じオペレーションをしたら法令違反になる」ケースを見てみたいと思う。

(1) 初めての高度人材の採用

【事例1　「高度専門職1号」の転職】

A社は、システム開発を営む株式会社である。

A社では、今般、人手不足対策のための在留資格「高度専門職1号」で在留する外国人を雇用しようと考えていたところ同在留資格で在留・就労する外国人Bから応募があった。

A社では、「高度専門職1号」の在留資格で在留する人材を採用するのは初めてであったが、**外国人Bは既に国内で就労しているところ、働くことができる在留資格を有するとして、日本人同様に雇い入れ手続を行い、その他に特別の手続をしなかった。**

1年後、外国人Bが在留期間を更新するために入管に訪れたところ、A社で働く前に在留資格変更許可の手続を行わなければならなかった旨を告げられた。

上記の事例は、「高度専門職１号」の在留資格で在留するBさんを、A社が採用し、日本人と同様の採用手続を行ったという事例である。

この事例の結論がどうなるかといえば、A社に不法就労助長罪が成立する。

まず、「高度専門職１号」の在留資格でどういった仕事（活動）ができるかについては、入管法別表第１の2の表で定められている。その中で、具体的には「**法務大臣が指定する本邦の公私の機関との契約**に基づいて自然科学若しくは人文科学の分野に属する知識若しくは技術を要する業務に従事する活動又は当該活動と併せて当該活動と関連する事業を自ら経営する活動」（太字下線は筆者）と定められている。

この太字下線部の意味であるが、「高度専門職１号」の在留資格では、雇用契約等契約を締結する機関については、法務大臣が指定した機関に限るという意味で、具体的には「指定書」という書面により指定される。指定書はパスポートにホチキスで貼付されていることが一般的であり、パスポートを見ると、この「法務大臣が指定する本邦の公私の機関」がどのように指定されているかが分かる。

そして、この「法務大臣が指定する本邦の公私の機関」を変更する場合には、入管法20条１項かっこ書内に「高度専門職の在留資格（別表第一の二の表の高度専門職の項の下欄第一号イからハまでに係るものに限る。）を有する者については、**法務大臣が指定する本邦の公私の機関の変更を含み**」（太字下線は筆者）とあるとおり、在留資格変更許可申請が必要となる。言い換えれば、転職により雇用される法人を変更する場合に、「高度専門職１号」で在留する者は、転職の都度、在留資格変更許可申請を行わなければならないことになる。これは、他にも「特定技能」のように、契約の相手方である所属機関が法務大臣により指定されるタイプの在留資格については共通して当てはまる。

さて、では在留資格変更許可を行わずに転職してしまった場合はどうなるかであるが、手続をせずに働いてしまった外国人は不法就労活動に該当する。

不法就労活動については入管法24条３号の４イかっこ書で「第19条第１項の規定に違反する活動又は第70条第１項第１号、第２号、第３号から第３号の３まで、第５号、第７号から第７号の３まで若しくは第８号の２から第８号の４までに掲げる者が行う活動であつて報酬その他の収入を伴うものをいう。」と定義される。若干分かりにくいが①入管法19条１項に反する活動又は②入管法70条１項1号等に違反する者（違法に本法に入国した者等）が行う収入を伴う活動の二つの類型がある。

このうち①入管法19条１項に反する活動については、入管法19条１項で定められているが、そのうち同条項１号は「別表第一の一の表、二の表及び五の表の上欄の在留資格をもつて在留する者」について「**当該在留資格に応じこれらの表の下欄に掲げる活動に属しない収入を伴う事業を運営する活動**又は報酬（略）を受ける活動」（太字下線は筆者）と定めている。これは、入管法別表第１の1、１の2、１の5の表に定められた在留資格を有する者は、入管法の別表に定められたそれぞれの活動に該当しない活動で報酬を受けた場合には不法就労活動に該当することを意味する。

事例1の検討に戻ると、高度専門職1号の在留資格は入管法別表1の2において「**法務大臣が指定する本邦の公私の機関との契約**に基づいて（略）する活動（略）」とされる。すなわち、法務大臣が指定する本邦の公私の機関以外との契約に基づいて行う活動は不法就労活動に該当することになる。そして、かかる不法就労活動を行わせてしまった使用者には不法就労助長罪が成立する（入管法73条の2第1項1号）。

事例1のトラブルは「日本人の場合と同様のオペレーションで中途人材の採用手続を行った」結果、在留資格変更許可申請という手続を行わないことになり、結果として法令に違反してしまっており、「日本人を雇用する場合と同じオペレーションをしたら法令違反になる」という事例だといえる。

(2) 入社前研修

【事例2　入社前の義務的研修】

C社は、中堅のメーカーである。

C社では、毎年4月の入社日前の3月下旬に、新卒採用者に対し、義務的に入社前研修を行っている。

C社の入社前研修は、内定者に対し参加義務を課して行われるものであり、研修時間に対応する賃金が支払われる。

C社に内定していた「留学」（資格外活動の許可有り）の在留資格で在留中（「技術・人文知識・国際業務」の在留資格に変更許可申請中）のDは、Dが所属していた大学を学則の定めに従い3月16日に卒業した後に、研修に2週間参加して賃金を得た。

後日、C社のコンプライアンス監査において、Dを研修に参加させたことは、不法就労助長罪に該当するのではないかという指摘がなされた。

上記の事例は、「留学」の在留資格で在留するDさんについて、C社が内定を出し、Dさんが大学を卒業した後に賃金を支払って義務的な入社前研修を行ったという事例である。

この事例の結論がどうなるかといえば、C社に不法就労助長罪が成立し得る。

一見、Dさんは資格外活動の許可を持っているため、義務的な入社前研修に参加して賃金の支払いを受けても問題無いように思える。しかし、「留学」の在留資格において許可される資格外活動の許可のうち包括活動許可については、入管法施行規則19条５項1号かっこ書において「留学の在留資格をもつて在留する者については教育機関に在籍している間に行うものに限る。」と定められている。

そのため、資格外活動の許可の範囲に含まれない活動を行ってしまっているため、入管法19条１項に違反し、Dさんは不法就労活動を行ってしまったことになり、C社についても不法就労助長罪が成立し得る。

この事例も、日本人の内定者と同じオペレーションで「留学」の在留資格を有する者について入社前研修を行った結果、法令違反になってしまった事例であるといえる。

(3) 法令違反が生じる原因

これまで見て頂いた事例１及び事例２は、全くの机上の空論の事例というより、実際に外国人雇用の現場で生じている問題である。では、なぜこのような問題が生じるのであろうか。

原因の根っこの部分にあるのは、「日本の雇用慣行と入管法の不一致」にあると思う。

日本の雇用慣行は、人材を採用する際にポストやポストに必要とされるジョブディスクリプションを定めず、「正社員」「契約社員」「パート・アルバイト」等の地位による採用を行う。このような雇用慣行は、「正社員」

を会社というメンバーシップの中心に置いたメンバーシップ型の雇用であり、メンバーシップ型の組織構造があるといえる。

すなわち、日本の雇用慣行は、諸外国でとられているような組織内でポストを定め、当該ポストで行うジョブを定義し、当該定義に必要な能力を有する者を採用するというジョブ型の採用ではなく、会社のメンバーシップになるのにふさわしい者を採用し、後からジョブを定める。

【ジョブ型採用、メンバーシップ型採用】

メンバーシップ型
①先にメンバーとなる人を採用する
②人を仕事に配属する

ジョブ型採用
①先に仕事が存在する
②仕事に人を配属する

著者作成

そして、「正社員」とされた者については、広範な配置転換権に服し、様々な職を経験し会社のプロフェッショナルになるべくキャリアを形成していく。

【メンバーシップ型雇用におけるキャリア】

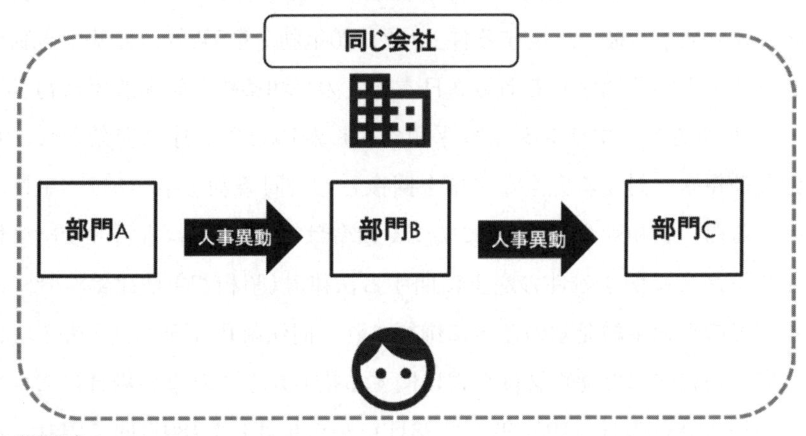

著者作成

このようなメンバーシップ型の採用が行われる組織は、「正社員」「契約社員」「パート」等のメンバーシップとしての地位が与えられ、当該地位に基づき組織がつくられているともいえる。

【メンバーシップ型の組織構造】

著者作成

他方で、入管法は、戦後日本がGHQの統治下にあった際に制定された法律である。入管法の直接の起源は1951年10月４日に、「ポツダム宣言の受諾に伴い発する命令に関する件」（昭和20年勅令第542号）に基づき制定された「出入国管理令」である。日本国との平和条約（昭和27年条約第５号、いわゆるサンフランシスコ平和条約）が1952年４月に発効され、日本国及び領水に対する完全な主権を回復した（同条約１条（b））。主権を回復する前に昭和勅令第542号に基づく命令は、「ポツダム宣言の受諾に伴い発する命令に関する件の廃止に関する法律」（昭和27年法律第81号）が日本国との平和条約発効のときに施行され（同法附則１条）、同法２項によって、別に法律で廃止又は存続に関する措置がなされない場合においては、同法の施行の日（1952年４月28日）から起算して180日間に限り、法律としての効力を有すると規定された。この規定を受けて同日、「ポツダム宣言の受諾に伴い発する命令に関する件に基く外務省関係諸命令の措置に関する法律」（昭和27年法律第126号）が制定され、同法4条で出入国管理令は「この法律施行後も法律としての効力を有するものとする。」と規定された。

その後、日本が「難民の地位に関する条約」（昭和56年10月15日条約第21号）及び「難民の地位に関する議定書」（昭和57年1月1日条約第1号）への加入に伴う国内法整備のため、「難民の地位に関する条約等への加入に伴う出入国管理令その他関係法律の整備に関する法律」（昭和56年法律第86号）が制定され、同法1条で、名称が「出入国管理令」から、現在の「出入国管理及び難民認定法」に改められた。かかる改正が全部改正ではなく一部改正であったため、法令番号としては、現在でも「昭和26年政令第319号」が使われている。

このような背景もあり、入管法の基となった出入国管理令はアメリカの移民法にならい、在留資格制度を採用した[1]。アメリカの移民法は、移民を受け入れる国の出入国管理を定める法律の特色をよく示しており、移民類型と非移民類型での受け入れを定めていた。移民類型の国の出入国管理は、移民類型の入国と非移民類型の受け入れ方法を定めており、移民類型の受け入れはその後の永住及び活動制限が伴わない在留・活動を認めることになるため、審査が非常に厳格であることが多い。他方で、非移民類型については、個々の在留目的に応じた在留資格制度を採用し、一時的な滞在であり入国及び在留の目的が終了すれば出国することが想定されていた。このような非移民目的の類型を列挙したものが在留資格である[2]。

このように、在留資格は活動と紐付いたものであるため、特定の活動で

1　法務省入国管理局『出入国管理の回顧と展望』224頁

2　前掲法務省入国管理局226頁

あるジョブを基調としたジョブ型の採用や組織と相性が良いといえる。

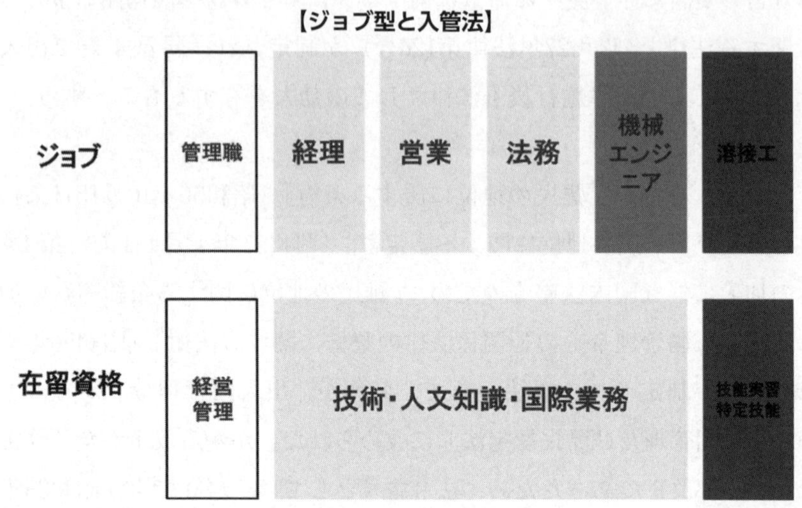

著者作成

特に、ジョブ型の組織の場合、キャリア形成をしようとする者は、ジョブ（活動）の内容を変えずに、所属する組織を変更することになる。

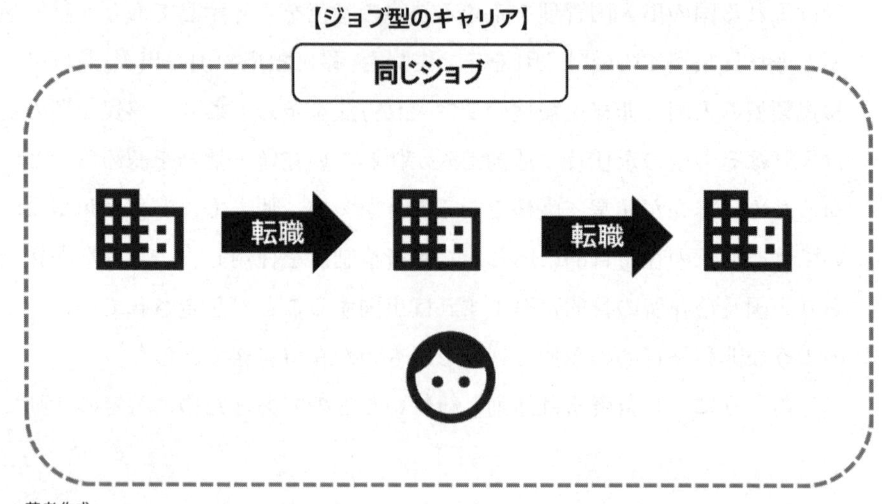

著者作成

このような、ジョブを中心としてつくられた入管法とジョブを定めず地位による採用を行い、広範なジョブを経験させる日本の雇用慣行の相性は良いとはいえず、これが知らず知らずのうちに法令違反が生じてしまう原因であるといえる。

日本の雇用慣行と入管法との間のギャップが、特にどこから生じるかといえば、在留資格制度に基づく活動制限に基づくことが多い。そこで、以下では在留資格制度について見ていきたいと思う。

(1) 在留資格制度とは

日本では「在留資格制度」を採用している（入管法２条の２）。在留資格制度とは「外国人の本邦において行う活動が在留資格に対応して定められている活動のいずれか一に該当しない限り、その入国・在留を認めないとする仕組み」と説明される[3]。

日本は、国の中に入ることの許可（上陸許可という。）がされる際に、あわせて在留資格の決定がなされるという仕組みになっている（入管法６条2項、入管法７条1項２号、入管法９条3項）。

在留資格は単に日本で行う活動を定めただけではなく、外国人が在留資格に基づき日本に在留することができる期間である在留期間も在留資格ご

3　坂中英徳＝齋藤利男『出入国管理及び難民認定法逐条解説（改訂第４版）』（日本加除出版、2012）58 頁

とに規定されている（入管法２条の２第3項、入管法施行規則３条、同規則別表第二）。そのため、在留資格とそれに対応する在留期間は一体のものとして制度がつくられているといえる。

このような在留資格制度の仕組みから、日本の入管法は、外国人が日本に在留する際に、原則として、一人一つの在留資格を有する制度を採用していると考えられてる（一在留一資格の原則、又は、一在留一在留資格の原則）[4]。

そのため、本邦に在留する外国人は、原則として一人一つ何らかの在留資格を有し、当該在留資格に基づく活動し、在留していることになる。

（2）在留資格の種類

2023年３月時点において、在留資格は29種類存在する。在留資格は入管法別表第１の1から１の5の表及び第２の表で定められており、入管法の別表ごとにまとめると次のとおりとなる。

別表1の1	①外交、②公用、③教授、④芸術、⑤宗教、⑥報道
別表1の2	⑦高度専門職1号、⑧高度専門職2号、⑨経営・管理、⑩法律・会計業務、⑪医療、⑫研究、⑬教育、⑭技術・人文知識・国際業務、⑮企業内転勤、⑯介護、⑰興行、⑱技能、⑲特定技能1号、⑳特定技能2号、㉑技能実習1号、㉒技能実習2号、㉓技能実習3号
別表1の3	㉔文化活動、㉕短期滞在
別表1の4	㉖留学、㉗研修、㉘家族滞在
別表1の5	㉙特定活動
別表2	㉚永住者、㉛日本人の配偶者等、㉜永住者の配偶者等、㉝定住者

4　東京地判平成４年３月９日行政事件裁判例集 43 巻３号 298 頁、東京高判平成４年９月 16 日行政事件裁判例集 43 巻８～９号 1165 頁、名古屋高判平成 15 年８月７日、名古屋地判平成 17 年２月 17 日判例タイムズ 1209 号 101 頁等

在留資格の種類は33種類（高度専門職、特定技能及び技能実習をそれぞれ１種類にまとめた場合は29種類）だが、在留資格の個数は33より多い。例えば「高度専門職１号イ」「高度専門職１号ロ」「高度専門職１号ハ」は同じ「高度専門職１号」という種類の在留資格であるが、在留資格の単位としては別の在留資格となる。「技能実習」や「特定技能」についても同様である。

そのため、在留資格の個数という点では33種類より多くなる。

(3) 在留資格の審査

さて、これらの在留資格はどのように審査されるのか。在留資格の許可・不許可の審査は、主に「在留資格該当性」と「基準適合性」から行われる。これは、入管法７条の条文を見るのが分かりやすいと思われる。

入管法７条は入国審査官の審査を定めた条文であるが、その中で次のように定められている（１項2号）（下線、①②は筆者）。

> ①申請に係る本邦において行おうとする活動が虚偽のものでなく、別表第一の下欄に掲げる活動（略）又は別表第二の下欄に掲げる身分若しくは地位（略）を有する者としての活動のいずれかに該当し、かつ、②別表第一の二の表及び四の表の下欄に掲げる活動を行おうとする者については我が国の産業及び国民生活に与える影響その他の事情を勘案して法務省令で定める基準に適合すること（略）。

この①の日本で行おうとする活動が入管法別表第１又は２の表で定められた活動に該当するという部分が「在留資格該当性」の部分である。

また、②法務省令で定める基準に適合するという点が「基準適合性」に関する部分である。

在留資格の審査は、主として、この①「在留資格該当性」及び②「基準適合性」の観点から審査されることになる。

この「在留資格該当性」、すなわち、行おうとする活動が、入管法が別表で定める活動と一致するかという部分が不法就労活動か否かを分かつ基準であり、「在留資格該当性」からはみ出た活動を行ってしまうと、不法就労活動となる。

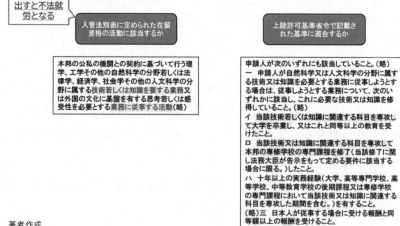

【在留資格の審査と不法就労活動】

在留資格該当性

基準適合性

ここからはみ出すと不法就労となる

入管法別表に定められた在留資格の活動に該当するか

上陸許可基準省令で記載された基準に適合するか

（入国審査官の審査）
第七条　入国審査官は、前条第二項の申請があつたときは、当該外国人が次の各号（略）に掲げる上陸のための条件に適合しているかどうかを審査しなければならない。
一　略
二　申請に係る本邦において行おうとする活動が虚偽のものでなく、別表第一の下欄に掲げる活動（略）又は別表第二の下欄に掲げる身分若しくは地位（略）を有する者としての活動のいずれかに該当し、かつ、別表第一の二の表及び四の表の下欄に掲げる活動を行おうとする者については我が国の産業及び国民生活に与える影響その他の事情を勘案して法務省令で定める基準に適合すること（別表第一の二の表の特定技能の項の下欄第一号に掲げる活動を行おうとする外国人については、一号特定技能外国人支援計画が第二条の五第六項及び第七項の規定に適合するものであることを含む。）。
三　略
四　略

著者作成

具体的に、「技術・人文知識・国際業務」の在留資格で見ると、次のとおりとなる。

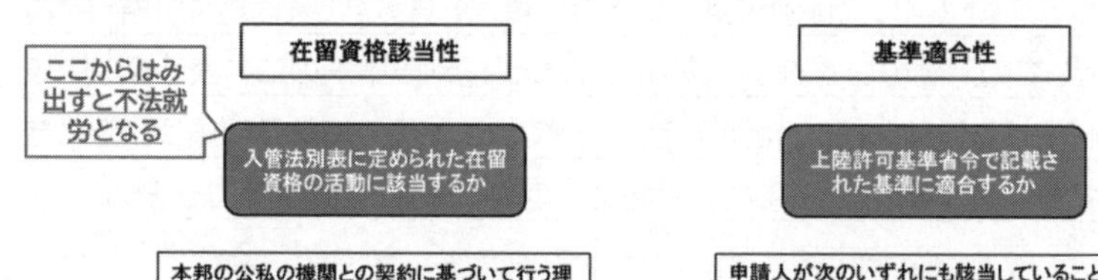

本邦の公私の機関との契約に基づいて行う理学、工学その他の自然科学の分野若しくは法律学、経済学、社会学その他の人文科学の分野に属する技術若しくは知識を要する業務又は外国の文化に基盤を有する思考若しくは感受性を必要とする業務に従事する活動（略）

申請人が次のいずれにも該当していること。（略）
一　申請人が自然科学又は人文科学の分野に属する技術又は知識を必要とする業務に従事しようとする場合は、従事しようとする業務について、次のいずれかに該当し、これに必要な技術又は知識を修得していること。（略）
イ　当該技術若しくは知識に関連する科目を専攻して大学を卒業し、又はこれと同等以上の教育を受けたこと。
ロ　当該技術又は知識に関連する科目を専攻して本邦の専修学校の専門課程を修了（当該修了に関し法務大臣が告示をもって定める要件に該当する場合に限る。）したこと。
ハ　十年以上の実務経験（大学、高等専門学校、高等学校、中等教育学校の後期課程又は専修学校の専門課程において当該技術又は知識に関連する科目を専攻した期間を含む。）を有すること。
（略）三　日本人が従事する場合に受ける報酬と同等額以上の報酬を受けること。

著者作成

②「基準適合性」の基準としてよく出てくる基準が「出入国管理及び難民認定法第七条第一項第二号の基準を定める省令」で、上陸許可基準省令と呼ばれる。

「上陸許可基準省令」と聞くと、上陸、すなわち新規に日本に入国する際にしか適用されないとも思える。しかし、日本に上陸した後の手続である「在留資格変更許可」及び「在留期間更新許可」においても基準適合性は審査される。これは、「在留資格変更許可」においても、「在留期間更新許可」においても「相当の理由があるとき」にそれぞれ変更・更新が許可されることになるが（入管法20条３項、21条３項）、この相当性の判断の中で基準適合性が読み込まれる形で審査されるためである。

図で表すと、次のとおりである。

【在留資格変更許可の判断構造】

相当性

在留資格該当性

基準適合性

相当性

入管法別表に定められた在留資格の活動に該当するか

上陸許可基準省令で記載された基準に適合するか

現に有する在留資格に応じた活動を行っていたこと等

（在留資格の変更）
第二十条　略
２　略
３　前項の申請があつた場合には、法務大臣は、当該外国人が提出した文書により在留資格の変更を適当と認めるに足りる相当の理由があるときに限り、これを許可することができる。ただし、短期滞在の在留資格をもつて在留する者の申請については、やむを得ない特別の事情に基づくものでなければ許可しないものとする。

著者作成

そのため、一見上陸のときにのみ適用されそうな上陸許可基準省令への適合性について、在留資格変更許可及び在留期間更新許可の際にも基準に適合していることが求められることになる。

(4) 就労の可否

33種類の在留資格は①制限無く就労可、②在留資格該当性のある活動であれば就労可、③原則就労不可のグループに分けることができる。具体的には次の表のとおりである。

①制限無く就労可	永住者、日本人の配偶者等、永住者の配偶者等、定住者
②在留資格該当性のある活動であれば就労可	外交、公用、教授、芸術、宗教、報道、高度専門職1号、高度専門職2号、経営・管理、法律・会計業務、医療、研究、教育、技術・人文知識・国際業務、企業内転勤、介護、興行、技能、特定技能1号、特定技能2号、技能実習1号、技能実習2号、技能実習3号
③原則就労不可	文化活動、短期滞在、留学、研修、家族滞在

①制限無く就労可のグループは、入管法別表２の、身分や地位に基づく在留資格が該当する。このグループの在留資格に基づき在留する方については就労制限がないため、日本人と同様に働くことができる。

続く②在留資格該当性のある活動であれば就労可のグループは、入管法別表第１の1、１の2の在留資格が該当する。このグループの在留資格に基づき在留する者については、それぞれの在留資格の活動として定められた範囲内で就労を行うことができる。言い換えると、在留資格の活動として定められた範囲外の就労をすると、入管法19条１項に違反することになり、不法就労活動となってしまう。

最後の③原則就労不可のグループは、原則として就労を行うことができない。ただし、例外として資格外活動の許可を得た場合には、資格外活動の許可の範囲内で働くことができる。「資格外活動の許可」という概念が出てきたため、ここで「資格外活動の許可」についても見ておきたい。

(ア) 資格外活動の許可

資格外活動の許可とは、入管法19条２項に基づき出入国在留管理庁長官が行う許可であり、「当該在留資格に応じ同表（筆者注：入管法別表第１）の下欄に掲げる活動の遂行を阻害しない範囲内で当該活動に属しない収入を伴う事業を運営する活動又は報酬を受ける活動」を許可するものをいう。

（イ）資格外活動の許可の一般原則（出入国在留管理庁HPより）

資格外活動は、次の要件に適合し、相当性が認められる場合に許可される。

①　申請人が申請に係る活動に従事することにより現に有する在留資格に係る活動の遂行が妨げられるものでないこと。

②　現に有する在留資格に係る活動を行っていること。

③　申請に係る活動が法別表第一の一の表又は二の表の在留資格の下欄に掲げる活動（「特定技能」及び「技能実習」を除く。）に該当すること。

④　申請に係る活動が次のいずれの活動にも当たらないこと。

（ア）法令（刑事・民事を問わない）に違反すると認められる活動

（イ）風俗営業若しくは店舗型性風俗特殊営業が営まれている営業所において行う活動又は無店舗型性風俗特殊営業、映像送信型性風俗特殊営業、店舗型電話異性紹介営業若しくは無店舗型電話異性紹介事業に従事して行う活動

⑤　収容令書の発付又は意見聴取通知書の送達若しくは通知を受けていないこと。

⑥　素行が不良ではないこと。

⑦　本邦の公私の機関との契約に基づく在留資格に該当する活動を行っている者については、当該機関が資格外活動を行うことについて同意していること。

（ウ）資格外活動の許可と一般原則の例外

上記の一般原則③によれば、一見、飲食店での接客やFC展開する店舗

の店員は、入管法別表１の1、１の2の表に該当する活動を行うことができる在留資格はないため、そもそも、資格外活動により当該業務で働くことができないようにも思える。

しかし、資格外活動の許可には「包括許可」と「個別許可」とがあり、「包括許可」については、上記の一般原則③の要件への適合が求められない結果、入管法別表１の1、１の2の表に掲げられた活動以外の活動としてアルバイトが可能となる。

以下では、もう少し詳しく「包括許可」と「個別許可」について見てみたいと思う。

(エ)　包括許可

包括許可は、使用者等を限定せず、１週について28時間以内（留学の在留資格をもって在留する者については、在籍する教育機関が学則で定める長期休業期間にあるときは、１日について８時間以内）の収入を伴う事業を運営する活動又は報酬を受ける活動を許可するものをいう。

例としては、「留学」や「家族滞在」の在留資格でのアルバイトが典型例である。

(オ) 個別許可

資格外活動を行う先の名称及び事業内容その他の事項を定め、個別に許可される。

例としては、留学生が就業体験を目的とするインターンシップに従事するとして、週28時間を超える資格外活動に従事する場合等が該当する。

(5) 高度人材に関する在留資格

ここまで在留資格制度の総論を見てきたが、続いて高度人材を採用する際に用いられる頻度が高い「技術・人文知識・国際業務」及び「高度専門職１号」「高度専門職２号」について見ていきたい。

ア　高度人材とは

入管法では「高度人材」という用語が定められているわけではなく、「技術・人文知識・国際業務」や「高度専門職」等の在留資格を得ることができる者を「高度人材」と呼んでいることが多い。「高度外国人材活躍推進ポータル」を営むJETROでは、高度外国人材について、次の１から３を満たす者とするが[5]、実務上用いられる「高度人材」とほぼ同義だと思われる。

1. 在留資格「高度専門職」と「専門的･技術的分野」に該当するもののうち、原則、「研究」、「技術・人文知識・国際業務」、「経営・管理」、「法律・会計業務」に該当するもの
2. 採用された場合、企業において、研究者やエンジニア等の専門職、海外進出等を担当する営業職、法務・会計等の専門職、経営に関わる役員や管理職等に従事するもの
3. 日本国内または海外の大学・大学院卒業同等程度の最終学歴を有している

この高度人材と呼ばれる者の採用で用いられる頻度が高い在留資格が「技術・人文知識・国際業務」と「高度専門職１号」の在留資格である。以下では、それぞれ「技術・人文知識・国際業務」と「高度専門職１号」の在留資格について概説する。

イ　「技術・人文知識・国際業務」について

「技術・人文知識・国際業務」は、高度人材の採用において、最も利用されている在留資格である。実務上は「技人国」（ギジンコク）と略されることが多い。

5　JETRO「「高度外国人材」の記載の変更について」

日本でも海外でも、大学を卒業していれば「技術・人文知識・国際業務」の在留資格を取得することができる可能性がある。

(ア)「技術・人文知識・国際業務」の在留資格該当性

「技術・人文知識・国際業務」の在留資格該当性を考えるにあたり、入管法別表１の2で定められる「技術・人文知識・国際業務」の在留資格の活動を見ていきたいと思う。

> 本邦の公私の機関との契約に基づいて行う理学、工学その他の自然科学の分野若しくは法律学、経済学、社会学その他の人文科学の分野に属する技術若しくは知識を要する業務又は外国の文化に基盤を有する思考若しくは感受性を必要とする業務に従事する活動（(1)の表の教授の項、芸術の項及び報道の項の下欄に掲げる活動並びにこの表の経営・管理の項から教育の項まで及び企業内転勤の項から興行の項までの下欄に掲げる活動を除く。)

「技術・人文知識・国際業務」における活動内容は、①自然科学の分野に属する技術若しくは知識を要する業務を行う「技術」、②人文科学の分野に属する技術若しくは知識を要する業務を行う「人文知識」及び③外国の文化に基盤を有する思考若しくは感受性を必要とする業務を行う「国際業務」に区分される。これらの活動は、大学等で修得した自然科学や人文科学の知識を用いることを前提としているため、そういった知識を用いない単純作業や産業・サービスの現場における業務は、「技術・人文知識・国際業務」の在留資格で行うことができる仕事に含まれない。

「技術・人文知識・国際業務」は「技術」「人文知識」「国際業務」のそれぞれの区分ごとに一つの在留資格を構成するのではなく、「技術・人文知識・国際業務」全体で一つの在留資格であって「国際業務」類型で在留資格を受けた者が「人文知識」類型の業務を行ったとしても不法就労とはならない。

もっとも、「人文知識」の類型で許可を受けた者が「技術」の類型の業務だけを行っている等の場合、次の基準適合性を欠くことになり、次回の在留資格の在留期間更新の際に在留期間が更新されない可能性があるので注意が必要となる。

（イ）基準適合性について

続いて「技術・人文知識・国際業務」に関する上陸許可基準省令の定めを見ていきたいと思う。「技術・人文知識・国際業務」の在留資格における上陸許可基準省令の定めは、次のとおりである。

> 申請人が次のいずれにも該当していること。（略）
>
> 一　申請人が自然科学又は人文科学の分野に属する技術又は知識を必要とする業務に従事しようとする場合は、従事しようとする業務について、次のいずれかに該当し、これに必要な技術又は知識を修得していること。（略）
>
> 　イ　当該技術若しくは知識に関連する科目を専攻して大学を卒業し、又はこれと同等以上の教育を受けたこと。
>
> 　ロ　当該技術又は知識に関連する科目を専攻して本邦の専修学校の専門課程を修了（当該修了に関し法務大臣が告示をもって定める要件に該当する場合に限る。）したこと。
>
> 　ハ　十年以上の実務経験（略）を有すること。
>
> 二　申請人が外国の文化に基盤を有する思考又は感受性を必要とする業務に従事しようとする場合は、次のいずれにも該当していること。
>
> 　イ　翻訳、通訳、語学の指導、広報、宣伝又は海外取引業務、服飾若しくは室内装飾に係るデザイン、商品開発その他これらに類似する業務に従事すること。
>
> 　ロ　従事しようとする業務に関連する業務について三年以上の実務経験を有すること。ただし、大学を卒業した者が翻訳、通訳又は語学の指導に係る業務に従事する場合は、この限りでない。
>
> 三　日本人が従事する場合に受ける報酬と同等額以上の報酬を受けること。

まず、「技術」及び「人文知識」類型の場合、一定の大学の卒業又は本邦の専修学校の専門課程を修了するか、10年以上の実務経験を要する。

注意が必要な点として、「当該技術又は知識に関連する」とあるため、大学等で学習した内容と業務で用いる知識等との関連性が求められる点である。そして、大学は一般に広く教養を学ぶ目的があるため、大学で学んだ知識等と業務で用いる知識等の関連性は緩やかに審査されるが、専門学校を修了した場合には原則どおり、関連性についての審査がなされる。この学習した知識等と仕事で用いる知識等との関連性が認められないと、基準適合性がないものとして在留資格を得ることはできない。

続いて「国際業務」類型では、３年以上の実務経験か、翻訳、通訳等に従事する場合には大学を卒業していることが求められる。

最後に、他の就労を目的とする在留資格でも多く用いられている、いわゆる同等報酬要件が定められている。

（ウ）　在留資格の特徴

「技術・人文知識・国際業務」は、在留資格で規定されている活動内容から分かるとおり、単純作業を行うことを主たる目的に「技術・人文知識・国際業務」の在留資格の許可を受けることはできない。

ウ　「高度専門職１号」について

「高度専門職１号」の在留資格は、いわゆる高度人材ポイント制によって在留資格が許可されるかが判断される在留資格である。高度人材ポイント制は、様々な項目にポイントが配点されており、ポイントを計算した結果、基準点以上（70点以上）を満たす高度な外国人材のための在留資格である。以下では主に「高度専門職」のうち「高度専門職１号」について概説する。

（ア）「高度専門職」の在留資格該当性について

「高度専門職」の在留資格は「高度専門職１号イ」「高度専門職１号ロ」「高度専門職１号ハ」及び「高度専門職２号」のそれぞれが別の在留資格

である（入管法2条の2）。

在留資格の活動を簡単にまとめたのが次の表である。

在留資格	活動内容
高度専門職1号イ	「高度学術研究活動」と呼ばれ、主として大学等の機関と契約し、研究教育等を行いながら、関連する事業の経営等を行うことができる在留資格
高度専門職1号ロ	「高度専門・技術活動」と呼ばれ、主として日本の企業と契約し、企業で総合職や研究職に就きながら、関連する事業の経営等を行うことができる在留資格
高度専門職1号ハ	「高度経営・管理活動」と呼ばれ、主として日本の企業の経営の管理を行いながら、関連する事業の経営等を行うことができる在留資格
高度専門職2号	高度専門職1号で行える活動に加えて、他の一定の在留資格で行うことができる業務も包括的に行うことができる在留資格

著者作成

（イ）　ポイント制

高度専門職の在留資格については、他の在留資格と異なるユニークな制度がとられている。入管法別表1の2の下欄において「高度の専門的な能力を有する人材として法務省令で定める基準に適合する者」と定められており、それに基づき高度専門職に関する基準省令が定められている。

この基準省令では学歴、職歴、年収、年齢、日本語能力等、様々な項目にポイントが配点されていて、合計のポイントが70点以上である場合に、在留資格が付与される仕組みとなっている。

このポイント制で70点以上となり、高度専門職1号ロ（高度専門・技術活動）及び高度専門職1号ハ（高度経営・管理活動）については年収が300万円以上であれば、高度専門職1号の在留資格が許可される。

（ウ）「高度専門職1号」の基準適合性について

「高度専門職1号」に関する上陸許可基準省令の下欄に定められた基準は、次のとおりである。

> 申請人が出入国管理及び難民認定法別表第一の二の表の高度専門職の項の下欄の基準を定める省令（略）第一条第一項に掲げる基準に適合することのほか、次の各号のいずれにも該当すること。
>
> 一　次のいずれかに該当すること。
>
> イ　本邦において行おうとする活動が法別表第一の一の表の教授の項から報道の項までの下欄に掲げる活動のいずれかに該当すること。
>
> ロ　本邦において行おうとする活動が法別表第一の二の表の経営・管理の項から技能の項までの下欄に掲げる活動のいずれかに該当し、かつ、この表の当該活動の項の下欄に掲げる基準に適合すること。
>
> 二　本邦において行おうとする活動が我が国の産業及び国民生活に与える影響等の観点から相当でないと認める場合でないこと。

この「高度専門職１号」の上陸許可基準省令の特徴は、１号において、イであれば教授から報道までの在留資格の活動に該当すること、ロであれば経営・管理から技能までの在留資格の活動に該当し、当該在留資格の基準適合性を満たすことが定められている。

これは、「高度専門職１号」の在留資格については、基礎となる「技術・人文知識・国際業務」等の在留資格該当性及び基準適合性を満たした上で、２階建て部分として高度専門職の在留資格該当性及び基準適合性を満たす必要があるという点で、必然的に他の在留資格と活動内容が重なることを意味する。

これを図示すると次のとおりとなる。

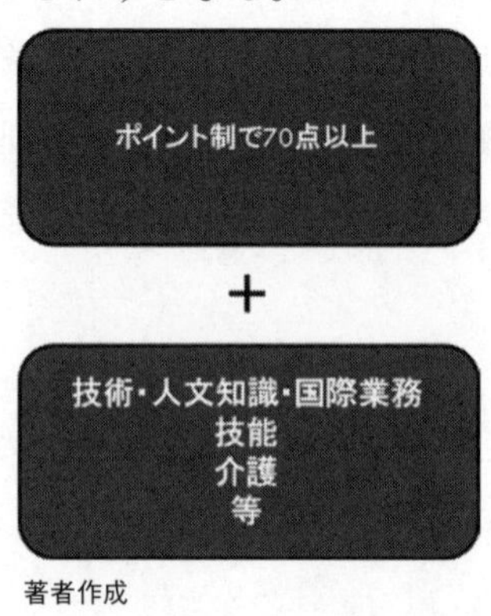

著者作成

(エ)「高度専門職」の特徴

「高度専門職」の在留資格は、手続上の優先処理や、「高度専門職１号」について最初から在留期間が最長の５年が付与される等、優遇されている点が多くある。他方で、転職時に在留資格変更許可を行わねばならない等、若干不便な点も存在する。

「技術・人文知識・国際業務」で申請した方が良いか「高度専門職１号」で申請した方が良いかはケースによるが、新卒者で大学の卒業見込証明書を添付資料として提出するような場合には、「技術・人文知識・国際業務」で申請した方が、審査が円滑になされることが多い。

状況に応じて「技術・人文知識・国際業務」か「高度専門職１号」を選択していくことになる。

(6) 在留資格制度が外国人雇用に与える影響

さて、これまで見た在留資格制度は外国人雇用にどのように影響するか。

最も大きな影響としては、74Pの②在留資格該当性のある活動であれば就労可というグループについて、在留資格によって働くことができる仕事の範囲が限定されるという点ではないかと思われる。

これまで見てきたとおり、日本では、雇用に際しあらかじめジョブディスクリプションを定めることはせず、自社の社員（メンバー）になることがふさわしい方を選抜し、入社後に広範な配置転換を行い様々な業務を経験させ、会社のプロフェッショナルになってもらうというメンバーシップ型雇用と呼ばれる雇用の慣行がとられていることが多い。

他方で、入管法は「活動」、すなわちどのような仕事を行うかという「ジョブ」により許可・不許可が判断され、行うことができる仕事の範囲も画されている。

そのため、広範な配置転換を行うメンバーシップ型雇用とは相性が良くなく、メンバーシップ型雇用に基づく採用や人事ローテーションを行うと、在留資格制度と抵触する場面が出てくる。これが先の「日本人を雇用する場合と同じオペレーションをすると法令違反となる事例がある」という点につながる。

このように、外国人雇用と日本人の雇用の違いは在留資格制度に根ざしたものが多く、在留資格制度を理解することは外国人雇用に取り組む上では不可欠といえる。

ここまで在留資格制度について見てきたが、以下では、在留資格に関する３つの手続である①在留資格認定証明書交付申請、②在留資格変更許可申請及び③在留期間更新許可申請について見ていくことにする。

(1) 手続の位置付け

多くの外国人は「留学」や「技術・人文知識・国際業務」等の在留資格で入国し、その後、在留期間を変更したり在留資格を変更する等して在留する。

これを図にすると、次のとおりとなる。

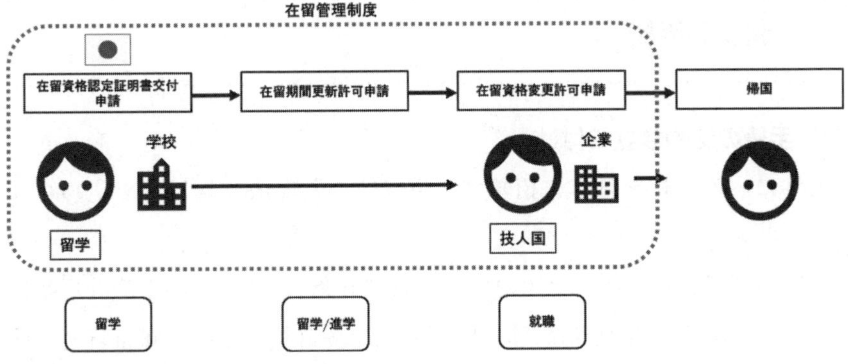

著者作成

そして、この一連の在留の流れの中で出てくるのが①在留資格認定証明書交付申請、②在留期間更新許可申請及び③在留資格変更許可申請である。この３つの手続の関係を示すと次のとおりとなる。

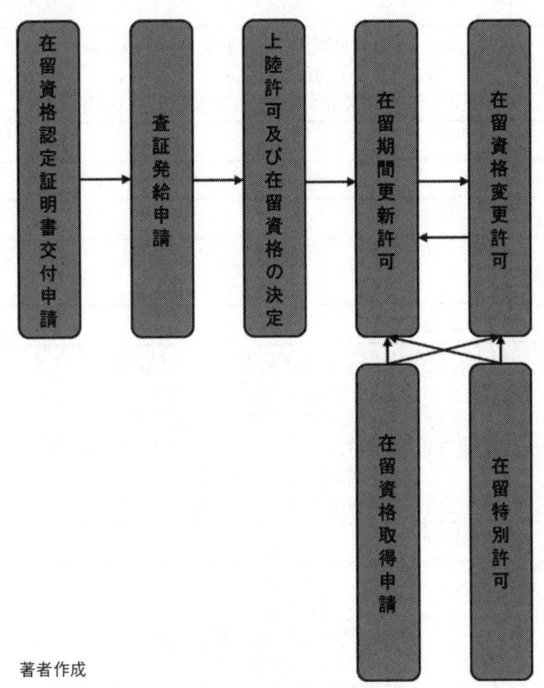

著者作成

(2) 在留資格認定証明書交付申請―海外にいる人材を日本に招聘する手続

(ア) 手続の法的な立て付け

海外にいる人材を日本に招聘する手続は、入管法６条以下で定められている。

手続の順序としては、上陸の申請（同法６条）、外国人の上陸許可要件にかかる入国審査官の審査（同法７条）、上陸許可の証印・在留資格・期間の決定（同法９条）となる。

また、実務上は、上陸の申請に先行し、在留資格認定証明書交付申請（同法７条の２）及び査証の交付申請を行う。

これらの手続をチャート化すると、次のとおりとなる。

在留資格認定証明書交付申請 (法7条の2) 7条1項2号に掲げる条件に適合する旨の証明書の交付

↓

査証の付与

↓

上陸の申請 (法6条2項)

↓

入国審査官による上陸要件適合性の審査 (法7条1項) ①旅券・査証の有効性（法7条1項1号） ②在留資格該当性及び基準適合性（法7条1項2号） ③在留期間適合性（法7条1項3号） ④上陸拒否事由非該当性（法7条1項4号）

↓

上陸許可 (法9条1項) 在留資格及び在留期間の決定 (法9条3項)

著者作成

新たに日本に上陸する外国人は、上陸申請を行い上陸についての審査を受ける必要がある（入管法6条2項）。

上陸許可の審査に際し判断される項目は

①所持する旅券及び旅券に受けた査証が有効であること

②本邦において行おうとする活動が在留資格に対応する活動に該当するものであること等在留資格に関する条件に適合すること

③希望する在留期間が法定の在留期間に適合すること

④上陸拒否事由のいずれにも該当しないこと

であり（入管法7条1項）、要件を充足することの立証責任は申請者にある（入管法7条2項）。

しかし、上陸した出入国港の上陸審査の場でこの①～④について全て立証・審査を行うことは困難である。そのため、②を満たすことについて、法務大臣があらかじめ審査・認定する手続として在留資格認定証明書の交付手続が定められている。

理論的には、在留資格認定証明書（入管法7条の2）の交付申請をしないで、在外公館に査証の交付を申請することも可能である。しかし、実務上は、在留資格認定証明書の交付申請が可能な在留資格については、まず在留資格認定証明書交付申請を行う。

在留資格認定証明書交付申請は、外国人従業員を受け入れようとする企業の職員が代理人となることができるため（入管法7条の2第2項）、外国人が海外にいたままで在留資格認定証明書交付申請を行うことが可能である。

そして、在留資格認定証明書の交付を受けた後、その原本を申請者である外国人に送付し、外国人がいる国の大使館等において査証（ビザ）の交付を受ける。

その後、査証が添付された旅券及び在留資格認定証明書を持ち、飛行機等で日本に入国し、上陸許可を受けて日本に上陸することになる。

この流れを図式化すると次のとおりとなる。

なお、採用する候補者を決定してから、実際に日本で勤務が可能となるまでに、概ね４～5か月を要することが多い。

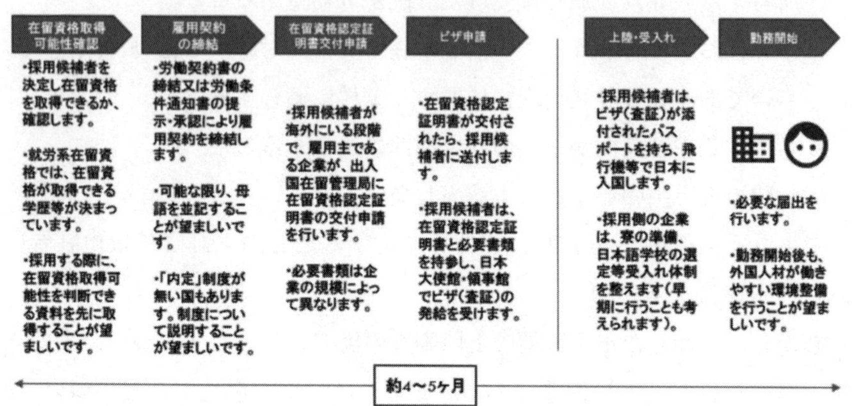

著者作成

(イ) 注意点

上記の在留資格認定証明書交付申請⇒査証交付申請⇒上陸許可申請⇒上陸許可という一連の流れは、日本の出入国在留管理に関する手続である。しかし、外国人の出身国によっては、出身国側の手続が必要となることがある。

例えば、人材の送出大国であるフィリピンでは募集採用に関する手続が定められており、当該手続を履行し、フィリピンにいる人材が海外雇用証明書を取得した上でないと、就労のためにフィリピン国外に出国できない制度となっている。

このような出国許可制をとっている国にあっては、送出国側の手続も履行しないと、最終的に人材が日本に来て働くことができないという事態が生じ得る。そのため、日本の手続だけではなく、外国人従業員の出身国の手続についても、確認する必要がある。

(3) 在留資格変更許可申請―日本国内にいる外国人が在留資格を変更する際の手続

既に外国人が日本にいる場合は、当該外国人は何らかの在留資格を有していることになる。新卒採用で採用する学生であれば「留学」の在留資格を有する可能性が高く、また、中途採用の場合は「高度専門職」や「技術・人文知識・国際業務」といった既に就労を目的とする在留資格を持っている可能性が高い。

そのため、まず、外国人が有する在留資格が何であるかについて特定し、在留資格を変更する必要があるのか、それとも、在留資格の変更は不要なのかを判断する必要がある。

就労を目的とする在留資格の場合、その在留資格に対応した活動の範囲でしか就労できないため（入管法19条）、採用する外国人が有する在留資格が、想定する業務を行い得るものかを確認することになり、また、「高度専門職１号」や「特定技能」のように、働く法人が指定されるタイプの在留資格の場合、仕事の内容は変わらない場合でも在留資格変更許可が必要となる場合があるので、それぞれのケースで在留資格の変更が必要な場合かを判断することになる。

そして、外国人が有する在留資格が「留学」である場合や、現在の在留資格が就労を可能とする在留資格であっても採用後の職務が当該在留資格の活動に含まれない場合、働く法人が指定される在留資格や「特定活動」の在留資格で指定の内容を変更する必要がある場合等には、在留資格の変更許可申請を行う（入管法20条）。

在留資格の変更は、「在留資格の変更を適当と認めるに足りる相当の理由」がある場合に許可される（入管法20条３項）。この相当性の判断に際しては、在留資格該当性だけではなく、その他諸般の事情を考慮して在留資格の変更を認めることが相当かが考慮され、その中で上陸許可基準省令に基準に適合すること（基準適合性）についても求められるため、基準適合性は日本に上陸するときだけではなく、日本国内にいて在留資格を変更する場合でも満たす必要があることになる。

また、現在の在留資格で認められる活動の範囲で、採用後の業務を行うことが一見可能そうな場合には、当該在留資格で想定する業務を行うことが可能かを確認する手続として就労資格証明書の交付申請を行うことも考えられる（入管法19条の２第1項）。

日本にいる外国人を採用する場合の流れを図式化すると、次のとおりとなる。

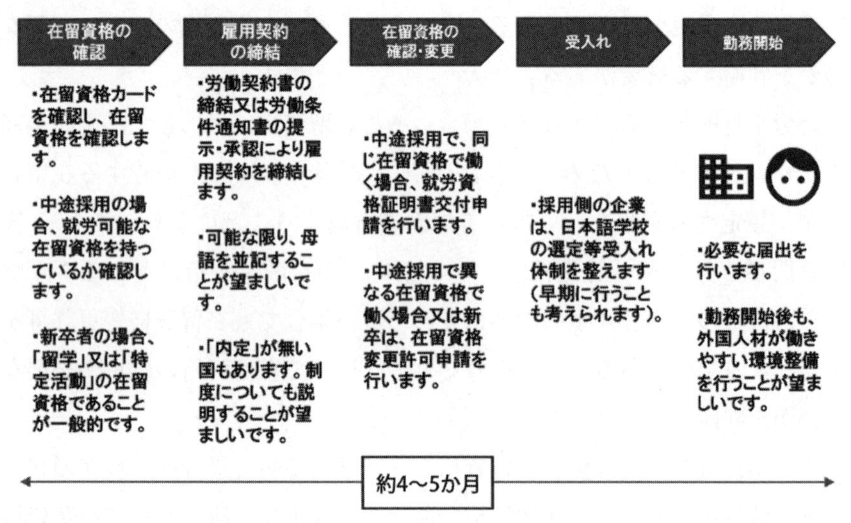

著者作成

新卒者に関する申請が多い１月から３月については、手続を行う出入国在留管理局も混み合うため、４月入社に間に合わせるには、十分に余裕をもって手続に取り組むことが重要となる。

なお、在留資格変更許可申請を行った場合、それまで有していた在留資格の在留期間が２か月又は結果が出るまでの先に到来する日まで、延長される（入管法20条６項）。

(4) 在留期間更新許可申請

在留資格を変更せず、在留期間を延長する場合には、在留期間更新許可申請を行うことになる（入管法21条）。

在留期間更新許可についても、在留資格変更許可と同様に「在留期間の更新を適当と認めるに足りる相当の理由があるときに限り」許可される（同法21条３項）。そして、相当性の判断の中で、在留資格該当性や基準適合性が求められるのは、在留資格変更許可の場合と同様である。

また、在留期間更新許可申請を行った場合、在留期間が２か月延長される点も、在留資格変更許可申請を行う場合と同様である（入管法21条４項）。

在留期間は、１日でも過ぎてしまえばオーバーステイとなってしまい、その後の在留に大きな影響を生じさせるので、誤って在留期間を経過させることがないよう、日頃から会社側でも在留状況の管理を行うことが重要となる。

第４　外国人雇用における中核的リスク―不法就労

(1) 不法就労のリスク

外国人雇用における中核的なリスクは、不法就労助長罪（入管法73条の２第1項）に該当することである。不法就労助長罪に該当した場合、それ自体の刑事上の罰則に加えて、許認可は、通常禁錮以上の罪を犯した場合には欠格事由に該当することが多い。

具体的には労働者派遣事業の許可（労働者派遣法６条1号）、有料職業紹介事業の許可（職安法32条１号）､監理業の許可（技能実習法26条１号、同法10条２号、技能実習法施行令１条5号）、登録支援機関の登録（入管法19条の26第２号）では、それぞれの条文のとおり、許可・登録の取消事由として定められている。

また、技能実習制度では実習実施者において不法就労助長罪が成立するのは技能実習計画の取消事由であり（技能実習法16条１項3号、同法10条２号)、特定技能制度では特定技能所属機関に不法就労助長罪が成立することは特定技能所属機関の欠格事由に該当する（特定技能基準省令２条1項４号ロ（５))。

このように、「不法就労」は、外国人雇用を行う上でも、外国人雇用に関する事業を営む上でも中核的なリスクとして存在する。

(2) 不法就労の傾向

では、不法就労の件数というのはどの程度あるのか。以下の表は出入国在留管理庁「令和３年における入管法違反事件について」に記載されている不法就労者数の部分を抜き出したものである。これを見ると、毎年10,000人以上が確認される状況が続いており、比較的発生しやすい犯罪類型になっていることが分かる。実際、オーバーステイになった者が偽造在留カードを入手して就労するといったことは、生活の糧を得るため行わざるを得ないこともあり、実務上も散見される。

企業の側から見ると、意図せずに不法就労活動を行った者を雇用し、不法就労助長罪が成立し、許認可の欠格事由に該当してしまう事例が多くなっているといえる。

	平成30年	令和元年	令和2年	令和3年
不法就労者数	10,086人	12,816人	10,993人	13,255人

(3) 不法就労における罰則

不法就労については、外国人側と雇用等する企業側の双方に刑罰が定められている。

ア　外国人について

外国人側については、入管法19条１項の規定に反し、収入を伴う事業を運営する活動又は報酬を受ける活動を専ら行っていると明らかに認められる者については入管法70条１項4号に該当し、３年以下の懲役、禁錮若しくは300万円以下の罰金が科せられる。また、「専ら行っていると明らかに認められる者」ではなく、単に入管法19条１項の規定に違反して収入を伴う事業を運営する活動又は報酬を受ける活動を行った者に該当する場合は、１年以下の懲役、禁錮若しくは200万円以下の罰金が科せられる。

イ　企業側について

企業側については、「事業活動に関し、外国人に不法就労活動をさせた者」等に該当する場合、３年以下の懲役若しくは300万円以下の罰金が科せられる（入管法73条の２の1項）。

この不法就労助長罪と呼ばれる犯罪に該当し、罰金刑に処せられ、許認可が取り消される事例は定期的に厚生労働省のウェブサイトで「労働者派遣事業の許可を取り消しました」等として公表されており、該当する例は少なくない。実際に、上場企業である飲食料品製造業を営む会社の子会社である労働者派遣事業を営む会社が、不法就労助長罪による罰金刑に処せられたため、2021年に労働者派遣事業及び有料職業紹介事業の許可を取り消された事例がある[6]。許可を取り消されたとされる会社の2020年２月期の売上高は約127億4,600万円あったとされるので、影響は小さくなかったことが窺える。

(4) 不法就労活動及びその類型

企業側の不法就労に関するリスクは、上記の不法就労助長罪に該当することである。不法就労助長罪は「事業活動に関し、外国人に不法就労活動をさせた者」という文言から分かるとおり、不法就労を行う外国人との間で雇用関係を必要とせず「させた者」に該当すれば、不法就労助長罪は成立する。これは、例えば派遣先が不法就労を行う外国人を指揮命令した場合でも成立することや不法就労となる外国人に業務を委託した場合でも、「事業活動に関する」ものであれば、成立することを意味する。

不法就労助長罪では、外国人に「不法就労活動」をさせた者が罰せられるという構造になっている。この「不法就労活動」については、入管法24条３号の４イにおいて「第19条第１項の規定に違反する活動又は第70条第１項第１号、第２号、第３号から第３号の３まで、第５号、第７号から第７号の３まで若しくは第８号の２から第８号の４までに掲げる者が行う活動であつて報酬その他の収入を伴うものをいう。」と定義される。

一見分かりにくいが、次のとおり２つの類型にまとめることができる。

6　令和３年10月18日「労働者派遣事業及び有料の職業紹介事業の許可を取り消しました」（URL：https://www.mhlw.go.jp/content/11654000/000842517.pdf）

[類型1] 入管法19条1項に反する活動 (在留資格の範囲外の就労)
[類型2] 入管法70条1項1号等に反する者が行う報酬その他収入を伴う活動（一定の在留資格を有しない者が行う就労）

そして、不法就労活動を行うようになったタイミングに応じて、次のようにさらに分類することが可能である。

[類型1] 入管法19条1項に反する活動（在留資格の範囲外の就労）	就労内容が在留資格に一致しない	技人国の外国人が専ら現業職で就労
	資格外活動の条件に違反する	・退学した留学生が就労 ・留学生が週28時間を超えて就労
[類型2] 入管法70条1項1号等に反する者が行う報酬その他収入を伴う活動 (一定の在留資格を有しない者が行う就労)	就労の当初から在留資格を有しない	オーバーステイの外国人を雇用/委託
	就労の途中から在留資格を有しなくなった	雇用/委託した外国人がオーバーステイになる

（5）不法就労助長罪を防ぐために

現在の実務では、この類型１及び類型２の形態での不法就労助長罪の発生を防ぐため、雇入時及び雇用中における在留管理体制を構築する企業が増えている。

このような在留管理体制を構築するにあたり、まずとられるのはリスクベースのアプローチである。

不法就労助長罪が事業上リスクになるかについては、①不法就労助長罪が発生した場合に影響が大きいか（取消しの対象となる許認可事業を営んでいるか）、技能実習生・特定技能外国人の雇用を行っているか、②不法就労助長罪が発生しやすいか、③その他の場合かというリスクの大きさと発生可能性という３つの観点から当該事業における不法就労助長罪のリスクの大きさを検討する。

②の不法就労助長罪が発生しやすいかについては、以下のマトリックスで整理することが多いように思う。

	越境型	国内型
高度人材	△	○
現業性人材	×	◎

これは、どういった業務を行う人材かについて、ホワイトカラー職の高度人材とブルーカラー職の現業性人材とに区分し、また、海外から在留資格認定証明書により招聘する場合を越境型、既に日本に在留する人材を採用等する場合を国内型と区分している。例えば、海外から大卒の新卒者を招聘する場合は「越境型高度人材」に該当し、海外から技能実習生を招聘する場合は「越境型現業性人材」となる。

まず、この中で一番不法就労助長罪の成立リスクが低いのは「越境型現業性人材」である。これは、在留資格認定証明書交付申請段階から監理団体等が関与し、その後も継続して監理・支援を行う結果、不正な手段での在留資格の取得やオーバーステイの発生といった可能性が低いためである。

反対に、国内において資格外活動の許可や就労制限がない在留資格で現業性の仕事を行う人材を募集する場合が最もリスクが高い類型であるといえる。この類型のパターンは、オーバーステイを行った者が偽造在留カードを入手し仕事を得るということで生じやすく、また、外国人側も生活の糧を得るために仕方なく行うという側面もあり、一定数の発生がある一方、適切な体制を構築していなければ雇入れ等を防止することができないためである。

このようなリスクアプローチにより自社のリスクを分析した後、①労働施策総合推進法28条１項に基づく雇入れ時の在留カードの確認、②出入国在留管理庁在留カード等番号失効情報照会の実施、③ICカード読み取りアプリケーションによる真贋判定の実施、④学校等の所属機関の確認等を雇入れ時、在留期間更新時、在留資格変更時、進学・進級時等のポイントを定めて実施する体制を構築する。

このような体制の構築と実施は、入管法73条の２第2項に定められた「過失」がないことを立証する資料としても有益であり、適切な体制構築と実施は、現在の事業運営上不可欠になってきているといえる。

第５　外国人雇用における労働法のポイント

(1) 労働関係法令の適用について

外国人の労務に関する法律としては、労働関係法令及び社会保険関係法令が存在する。労働関係法令の一つである労働施策総合推進法は７条で外国人雇用についての事業主の責務を定めている。そして、厚生労働省は、同法７条の事項を事業主が適切に対処することができるように、「外国人労働者の雇用管理の改善等に関して事業主が適切に対処するための指針」(以下「外国人雇用管理指針」という。) を定めている。

同指針第２に記載されているとおり、労働者は国籍に関係なく労働関係法令及び社会保険関係法令の適用を受ける。そのため、事業主は、外国人従業員であっても、そうではない労働者であっても、国籍に関係なく労働関係法令及び社会保険関係法令の遵守を求められる。

しかし、外国人従業員と日本国籍を有する労働者を同一に処遇すれば全てが解決するものではない。外国人従業員は、出身国から訪日し、就労し、帰国するという一連の国際労働移動の過程を経て就労するものであり、文化や言語も異なる場合が多くある。すると、例えば、法令等の周知義務（労基法106条）において、就業規則等の規定類を日本語のみで周知した場合、日本語話者ではない労働者に対して実質的に周知したといえるかといった形で論点が生じる。

このように、労働関係法令及び社会保険関係法令が国籍に関係なく適用されることが、直ちに日本人と全く同一に処遇すれば良いという結論になるものではない点は注意を要する。

以下では、採用から就労中、そして離職という一連の過程における労働関係法令及び社会保険関係法令の適用関係と、外国人従業員特有の注意点を見ていきたい。

(2) 適用法

まず、外国人を採用する際、いずれの国の法律が適用されるかが問題となる場合がある。

外国人の採用方法としては、①当該外国人が既に日本国内におり、在留資格変更許可を経て採用する場合や既に有する在留資格のまま採用する場合と②当該外国人が海外におり在留資格認定証明書交付申請を経て新規に日本に上陸する場合とがある。①のパターンは、日本にいる留学生を採用する場合で、「留学」の在留資格から「技術・人文知識・国際業務」の在留資格に変更するような場合である。また、①のパターンのもう一例は、既に「技術・人文知識・国際業務」の在留資格を有し日本国内に在留する者を採用する場合で、採用後に行う活動が「技術・人文知識・国際業務」で認められる活動に該当する場合等である。また、②のパターンは、海外の大学を卒業した新卒者を採用する場合等である。

この点で①のパターンでは原則として日本の法律が適用されることに違和感は少ないと思う。他方で、②の外国人を海外から招聘する場合、労働契約を締結するのは、外国人が日本に上陸する前の段階である。この場合、どの国の法律が適用されるかが問題となる場合がある。

この点について、労働契約の成立及び効力についてどの国の法律が適用されるかは、法の適用に関する通則法７条、８条及び12条に規定されている。まず、いずれの国の法律が適用されるかは、当事者の選択によることが原則である（同法７条）。そして、当事者による選択がない場合には、最も密接な関係がある地の法律によるとされ（８条1項）、この最も密接な関係がある地の法律については労務を提供すべき地の法律が適用される法律であると推定される（同法12条２項、３項）。また、当事者が合意して労務を提供すべき地以外の国の法律が選択されていたとしても、当事者の意思表示があれば、労務を提供すべき地の強行規定が適用される（同法12条１項）。

これらの規定から、通常は、日本国内のいずれかの事業所を勤務地とする場合については、日本の労働関係法令が適用されることになる。

(3) 労働条件の明示

使用者は、労働契約を締結するに際し労働者に対し労働条件を明示しなければならない（労基法15条１項）。明示を必要とする労働条件は、労基則５条1項各号に定められている。

労基則１号から４号までの事項（昇給に関する事項を除く。）については、使用者は労働者に対し原則として書面を交付して明示する必要がある（労基則５条3項、４項）。また、労働者が希望した場合は、ファクシミリ、電子メール等の方法によることも可能である（労基則５条4項）。

また、外国人材に対して労働条件を明示する場合は、母国語や平易な日本語を用いる等、当該外国人材が理解できる方法により明示するよう努める旨定められている（外国人雇用管理指針第４）。

(4) 労働条件

ア　賃金

賃金の支払いについては労基法24条が、「通貨払の原則」「直接払の原則」「全額払の原則」「毎月払の原則」及び「一定期日払の原則」の５つの原則を定めている。

このうち、外国人労働者において特に注意を要するのが「全額払の原則」である。

外国人を雇用する場合、社宅等を提供することがある。そのような場合、当該社宅費を賃金から控除している例が多い。賃金から社宅費等を控除する場合、労基法24条に基づき、事業所に過半数労組がある場合は労働組合と、ない場合は過半数代表者との間で書面による協定を締結する必要がある。

協定書の形式には任意であるが、少なくとも、①控除の対象となる具体的な項目、②右の各項目別に定める、控除を行う賃金支払日を記載する必要がある（昭和27年９月20日基発第675号）。

また、控除できるのは「購買代金、社宅、寮その他の福利厚生施設の費用、労務用物資の代金、組合費等、事理明白なものについてのみ」であり、無制限に賃金控除が認められるわけではない（昭和27年９月20日基発第675

号)。

このいわゆる24協定については、協定の締結自体を忘れているケースが散見されるので、注意が必要な点だといえる。

イ　外国人と労働時間

36協定では、労働時間を延長し、又は休日に労働させることができる労働者の範囲を定める必要がある（労基法36条２項1号)。そして、「労働基準法第三十六条第一項の協定で定める労働時間の延長及び休日の労働について留意すべき事項等に関する指針」（平成30年９月7日厚生労働省告示第323号）では、法定時間外労働をさせることができる業務の種類を定めるに当たっては、業務の区分を細分化し、当該業務の範囲を明確にする必要があるとされる（同指針４条)。

外国人の場合、特に、移行対象職種・作業で業務が定められる技能実習生や特定産業分野の一定の業務を活動内容とする特定技能外国人材については、対象となるかについて、その業務区分に注意して定める必要がある。

ウ　年次有給休暇

労基法は、使用者が雇入れの日から起算して６か月間継続勤務し全労働日の８割以上出勤した労働者に対して、年次有給休暇付与することを義務づけており、当然に外国人にも年次有給休暇が付与される（労基法39条１項)。

年次有給休暇は、原則として労働者の請求する時季に与える必要があるが（労基法39条５項)、使用者の時季変更権（同法39条５項ただし書）及び計画年休制度（同法39条６項）により年次有給休暇の取得時季を変更することができる場合がある。時季変更権を行使する場合については、年次有給休暇を取得させることが「事業の正常な運営を妨げる場合」に該当することが必要である。

この点、技能等の習得過程にある技能実習生が年次有給休暇を取得する場合に時季変更権を行使する場合には、技能実習生の前記の立場に鑑み「事業の正常な運営を妨げる場合」に該当するかについて慎重な検討が必要となる。

エ　雇用保険、年金保険について

外国人についても、雇用保険法上及び厚生年金保険法の被保険者となる場合には、雇用保険及び厚生年金保険に加入する必要がある。

この点、一定の学生であるいわゆる昼間学生については、雇用保険、年金保険の適用除外となる場合がある。他方で「留学」の在留資格で在留する学生については、株式会社立の日本語教育機関に所属している場合など、昼間学生に該当しない場合もあるため、当該学生が適用除外になるのか否かについて検討が必要である。

オ　その他

外国人を雇用する場合、労働施策総合推進法28条１項による雇用状況の届出が必要となる等、日本人と異なる手続が必要となる場合がある。

このように、「労働関係法令が等しく適用されること」が、「日本人を雇用する場合と同じオペレーションをすれば良い」ことを意味しないと理解する点が、外国人に関する労働関係法令において注意が必要な点だといえる。

外国人雇用管理指針第６では、外国人を常時10人以上雇用するときは、人事課長等を雇用労務責任者として選任することを定める。社内で雇用労務責任者のように、外国人雇用に関して一定の知見を持つ者の選任が今後重要になると思われる。

第６　外国人雇用の展望

(1) 働く外国人の数は約182万人

日本に在留する外国人（入管法２条2号に同じ）は、2022年12月末時点で307万5,213人となっている。また、労働施策総合推進法28条１項に基づき外国人雇用状況の届出が提出されている人数は、2022年10月末時点において182万2,725人となっており[7]、外国人雇用状況の届出が制度化されて以来、最大となっている。

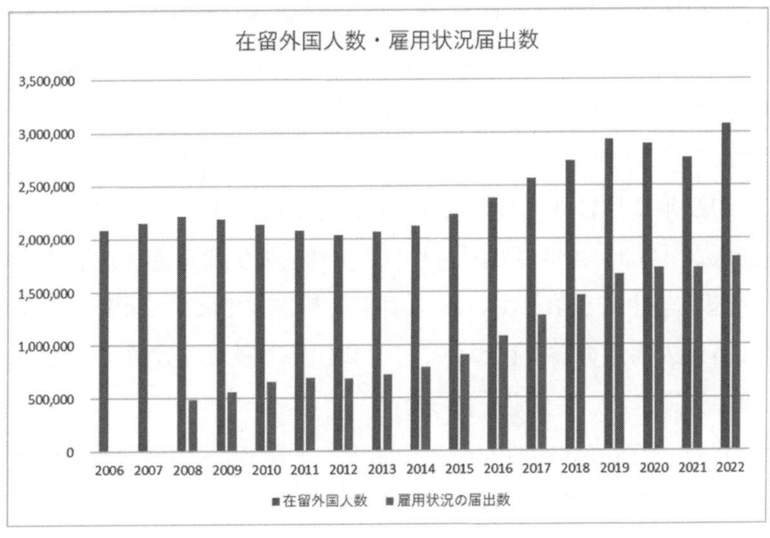

著者作成

7　令和５年１月27日　厚生労働省職業安定局外国人雇用対策課「「外国人雇用状況」の届出状況まとめ（令和４年10月末現在）」（URL：https://www.mhlw.go.jp/stf/newpage_30367.html）

(2) 未来のビジネスシーン

前頁のグラフは、厚生労働省「「外国人雇用状況」の届出状況まとめ（令和４年10月末現在）」及び在留外国人統計から筆者が作成したものである。これを見ると、2008年以来、届出件数は一貫して増加していることが分かる。

特に、新型コロナウイルス感染症により出入国が制限されていた2020年、2021年についても外国人雇用件数は増加しており、働く外国人に対する期待の高まりは非常に大きなものがあると感じられる。

このような強いニーズはどこにあるかだが、少子高齢化に伴う生産年齢人口、特に若年層の減少による国内における採用の困難性が一因としてあげることができる。

新卒一括採用方式をとる日本では、若年労働者を雇用するニーズが常にあるが、それを国内の採用で補うことができなくなり、その一部が外国人雇用に向かっているというのが実態ではないかと思う。

では、この強い外国人雇用へのニーズは、今後どうなっていくのか。この点、2022年３月に独立行政法人国際協力機構（JICA）緒方貞子平和開発研究所が「2030/40年の外国人との共生社会の実現に向けた取り組み調査・研究報告書」を公表している[8]。同調査報告書では、2030年、2040年における外国人雇用の需要について、目標GDPの成長を達成するために必要な追加労働力として算定を行った。

その結果、2030年に約419万人、2040年に約674万人の外国人に働いてもらわないと目標GDPの成長は達成できないという結果となっている。

2040年に約674万人の外国人が日本で働いてくれた場合、働く人の10人に１人が外国人ということになる。

8　URL：https://www.jica.go.jp/jica-ri/ja/publication/booksandreports/20220331_01.html

働く人の10人に１人がルーツの異なる人になるとすれば、マネジメントを行う者は、ルーツの異なる人とチームを組成し、１つの目標に向けて組織を展開する能力が必要になっていくように思う。また、ルーツの異なる人とビジネスを展開することだけではなく、国内外のルーツの異なる人に向けたビジネスを展開することができることも重要となる。

このように、今後のビジネスシーンでは、急速に進む組織の構成員のダイバーシティ化に前向きに取り組むことができるか否かが、企業の活力を見出す重要な要因になるように思われる。

第5章

再現性ある採用モデルに向けて

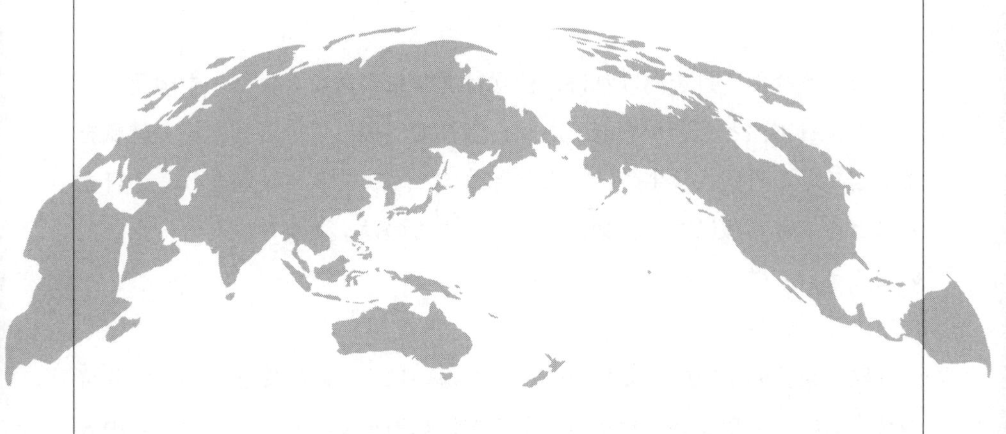

第１　ASIA to JAPANが進める高度外国人雇用の方法論

外国人材採用は「まずは開始する」ことが重要だ。本章では外国人材の受け入れにあたって基本的な知識を持っておくことの重要性について触れるが、その勉強は机上で完結するものではなく、ほとんどのことは実際に外国人材と働く中で学んでいくものである。いくらハラスメント研修を受けたところで対応に悩むことがあるように、実際に現場で直面しなければ分からないことはたくさんあるのだ。

当社の事例を紹介すると、初めて採用した中国人社員が雨が降った日に「せっかく洗濯したのに濡れてしまうから」と、会社の近くに住んでいたこともあり洗濯物を取り込むために一時帰宅してしまったことがあった。全く想像もしなかった行動に驚いたが、一度指摘すれば済む話であり、実際に日本ではあまりしない行動だと伝えて以降、彼女は同じことをしなくなった。

一方で業務面に目を向ければ、彼女は非常に優秀な人材だ。中国語はもちろん、日本語と英語が堪能であり、当社で支援している日本での就職を希望している外国人学生のほとんどとコミュニケーションがとれる。日本人にとって非常識に映る行動にだけ注目するのは、あまりにももったいないだろう。

普段の業務の中で生じるちょっとした違いは、一緒に働きながらすり合わせをしていく他ない。だからこそまずは採用を開始しなければ、外国人材が活躍できる環境づくりは進まないのだ。早期に外国人材を受け入れ、地道に土台をつくることでその後の採用が一気に進んでいくのであり、その逆はないことを理解する必要がある。

なお第６章のアンケート調査結果でも、宗教や食事など異文化理解に関する不満を持つ人は５％にも満たないことが分かった。外国人材が抱く不満の多くは日本人の新卒が抱く不満と一緒であり、外国人材採用特有の基本的なポイントさえ押さえればそれほど構える必要はないのである。

では、外国人材採用を始める際は、何に気を付ければいいのか。最も大きなポイントは、無理をしないことだ。

「外国人材を受け入れる環境が整っていないから採用は見送る」という考えに陥りやすいが、むしろ最初から自社の仕組みを変えてまで採用をするのは避けた方がいい。どれだけ選考時の相互理解を深めたとしても実際に一緒に働いてみなければ分からないことが多々ある以上、最初は相手に合わせるのではなく、相手に合わせてもらうくらいの意識でいた方が入社後の受け入れはスムーズに進む。採用候補者にはまだ社内の制度や環境が整っていないことをあらかじめ伝えた上で、それを許容できる人材を採用し、入社後の実態に合わせて少しずつ体制を変えていけばいい。

宗教を例にとってみよう。外国人材採用時の企業の懸念事項の一つが宗教への対応であり、事実として食事やお祈りをはじめ、様々な配慮事項がある。ただし、例えばイスラム教が国教であるマレーシア人を採用するにあたり、先んじてムスリム用のお祈りの部屋やハラルフードを用意したとしても、そもそも本人がムスリムとは限らない。マレーシアには仏教やキリスト教など、別の宗教を信仰している人も約４割いるのだ。

宗教の確認は面接時に行うとしても、人によって信仰心にはかなりの幅があることも念頭に置く必要がある。同じムスリムであっても、教えを厳格に守る人もいれば、信仰はしているもののアルコールを嗜む人もいる。先回りしてムスリムに配慮した環境を整えたところで、採用する人材がそれを求めているとは限らないのだ。

当社でも外国人材を招いたパーティーを行う際は、事前に食事の制限をヒアリングした上で、ムスリムの人がいる場合は希望者の人数分のハラルフードを用意しているが、毎回半分ほど手付かずで残っている。目の前においしそうな料理が並んでいるのを見て、他の料理に目移りしている人が一定数いるのだ。「ダイエット中だから気を付けようと思っていたのに、目の前にある揚げ物をつい食べてしまいたくなる」のと同じような感覚なのかもしれない。当初は「それなら用意しなくてよかったのに」と思ったこともあったが、重要なのは「配慮している」という態度を表すことだと感じている。

何を言いたいかというと、それだけ信仰心には個人差があるということだ。それであれば、まずは信仰心が薄い人材を採用すればいい。徐々にムスリムへの理解を深め、適宜必要な環境を整え、ある程度自社が受け入れに慣れた頃に厳格な信仰心を持つ人材を受け入れていく方が現実的だろう。初めての外国人材採用で受け入れ環境に不安がある中、日本の生活習慣と大きく異なる宗教の厳格な信仰者を採用するのはお互いにとって不幸な結果を招きかねない。

さらにいえば、数人の採用であれば個別対応で十分だ。外国人材を採用し、受け入れ、社内の環境を整えるのは時間がかかるものであり、完成形もない。だからこそ、まずは無理なく採用をスタートし、その都度変えられるところは見直し、必要なものを新しく取り入れながら、地道に自社の環境をつくり上げていく必要がある。

第１章では日本語力の要件を緩和する重要性を指摘したが、これについても最初から要件を緩和する必要はない。自社にとって無理なくコミュニケーションがとれるレベルの日本語力を要件として設定し、こちらも採用を続け、慣れていった頃に徐々に緩和していけばいいはずだ。

第２　ダイバーシティ組織サーベイと現在地の認識

無理をしないことがポイントであるとはいえ、外国人材を採用するとビザなどの各種手続や受け入れ部署への対応など、新しくすべきことも多数発生する。場合によっては、現場から反対意見や拒否反応が出ることもあるかもしれない。

また、外国人材に入社後活躍してもらうには、多様な人材が力を発揮できる環境が必要だ。つまり外国人材採用とダイバーシティ推進はセットであり、経営層の意思が肝となる。外国人材採用はボトムアップではなく、トップダウンですべき施策であり、トップが意思を持って進めなければ頓挫しやすい。

だからこそ、まずは経営層が「いつまでにどのような人材構成比率を目指すのか」という目標設定と、それに向けた長期的な計画を立て、人事担当者と経営層との間にレポートラインを確立したい。トップには目標に対する進捗をチェックしながら障壁になっているものを把握し、それを取り除くことにコミットする意識が必要だ。

人事担当者は定期的に状況をレポートし、目標に対する進捗管理を行うといい。自社の人材構成を把握することを目的に、従業員の年齢や人種、国籍などの組織構成や、部署ごとの外国人材の割合などをまとめ、それを基に経営層と現状を確認し、自社の課題に対して取り組んでいこう。

その際、目指したい自社の在り方と現状のギャップを理解するための組織サーベイを定期的に行うといい。ダイバーシティに関するポリシーやプログラムなどについて、従業員の認識や態度がどのような状態にあるのか、どのような課題を感じているのか、現状を整理することができる。それによって、目標に対する現在地を把握することにもつながる。

改めて強調したいのは、グローバル化もダイバーシティも終わりなき戦いであるという点だ。日本は遅れていると言われることもあるが、いくら外国人材が増え多様な人材が働くようになったとしても、完璧というものはない。妊娠や出産、子育てなど、女性の採用において対応すべきポイントがある程度明確だったのに対し、外国人材の場合は出身国や宗教などによる違いも大きく、変数が多いという特徴もある。対話を通じ、状況に応じて地道に変化していくしかないのであり、ゴールはないことを忘れてはならない。

■ダイバーシティ型組織力チェックシート（高度外国人材への取り組み度合い）

自社と照らし合わせ、該当する項目に「○」をつけてください

項目	チェック
社内に外国人材がいる	
マネジメント層に外国人材がいる	
経営陣に外国人材がいる	
英語だけで仕事が完結する部署がある	
外国人材採用を会社として推進している	
外国人材採用に枠（目標数）を設けて採用活動している	
社内に外国人社員に対するメンター制度がある	
オンボーディングのマニュアルがある	
外国人材向けの研修がある	
外国人材を受け入れる部署向けの研修がある	
日本語を話せない外国人社員がいる	
海外からの入社実績がある	
人事や総務に在留資格やVISAについて詳しい人材がいる	
経営層に外国人材採用を推進する強い意欲がある	
外国人材を採用するための専任担当者がいる	

【さて○の数は、いくつだったでしょうか…?】

0～3個　レベル1　取り組みの初期段階
4～6個　レベル2　準備段階。進展させるため計画を具体化する必要がある
7～9個　レベル3　具体的な方針が見られ、取り組みの発展期
10～13個　レベル4　取り組み開始後に表面化した課題への対策も具体化している段階
14個以上　レベル5　取り組み達成の最終フェーズ。社内外に様々な効果が現れる

第3　採用PDCAとチーム体制

ジョブローテーションを基本としている日本企業では人事の専門家が育ちにくい課題があるが、外国人材採用に関しては最低でも３年は同じ担当者に任せたい。新卒採用は１年をかけてPDCAサイクルを回すのが基本であり、何度か経験を重ねなければなかなか社内に知見は広がらない。

まずは外国人材採用の担当を一人決め、担当者を中心にプロジェクトチームをつくるといい。企業によっては、採用は人事が行うものであり、現場は必要な人材の要件を伝え、指定された日時に面接を行うだけというケースも少なくないが、むしろ「現場が必要な人材を採用するためのプロジェクト」であり、そこに人事が協力しているくらいの状態の方がうまくいく。

その際、受け入れ部署の上長や面接官など人事以外のメンバーを加えることと、チームメンバーをある程度固定することの２点がポイントだ。少なくとも翌年にチームメンバーが総入れ替えになるような事態は避けたい。

既に社内に外国人材がいるのであれば、ぜひプロジェクトチームのメンバーに加えたい。ただし、その際は外国人材の直属の上司や先輩をチームメンバーから外すこと。外国人材が率直な意見を言いにくくなってしまうことがあるため、パワーバランスや普段の関係性を考慮してメンバーを選出するといい。

プロジェクトチームの目的は、外国人材採用を行う経緯や採用基準を共有し、認識の齟齬を防ぐことと、知見の蓄積にある。自社に合った外国人材を採用し、入社後に活躍してもらうには、外国人材を受け入れるチームとのコミュニケーションが不可欠だ。外国人材採用を行う経緯や採用基準を共有しなければ、面接の際に「日本語が片言だから」といった理由で不通過となりかねない。外国人材採用市場の日本語学習者の割合や、それぞれの日本語レベルの人材の比率など、その辺りの温度感を理解するだけで外国人材採用はグッとスムーズになる。

また、採用担当者と現場の認識の齟齬を防ぐためにも、両者間ですり合わせを行う必要がある。例えば、お祈りが1日に5回必要なムスリムを採用担当者が問題ないと判断して採用したところ、現場の実態として受け入れが困難だったという事例がある。採用担当者は「1日5回お祈りが必要な人だから、そういう人として受け入れをお願いします」ではなく、現実的にそのような人を現場が受け入れられる状況にあるのかを確認し、それが困難なのであれば、どの程度の配慮であればできそうなのかを探っていく必要がある。こうしたコミュニケーションによって採用の要件が固まり、無理のない採用にもつながっていくだろう。

現場が納得できる外国人材を採用し、入社後に活躍してもらえれば、翌年度以降の採用もしやすくなっていく。面接官に外国人材を加えられれば、なお良いだろう。外国人材が候補者を評価することは、それだけで説得力を持つ。以降の面接の面接官が通過理由に納得しやすく、「よく分からないから見送る」ということはなくなっていくはずだ。

採用の段階から現場メンバーを巻き込むことは、外国人材の評判を社内に広めることにもつながる。他部署が外国人材の受け入れに前向きになっていく効果も期待できるだろう。翌年度以降の採用を拡大できれば、採用目標の達成は容易になり、外国人材の人数が増えることで社内の環境整備が進み、定着率も高まっていく。他にも外国人社員からのリファラル採用が発生するなど、採用の段階から現場を巻き込むことが好循環を生み出すことにつながるはずだ。そのためにも現場を味方につけ、現場と人事担当者の二人三脚で採用を行う意識を持とう。

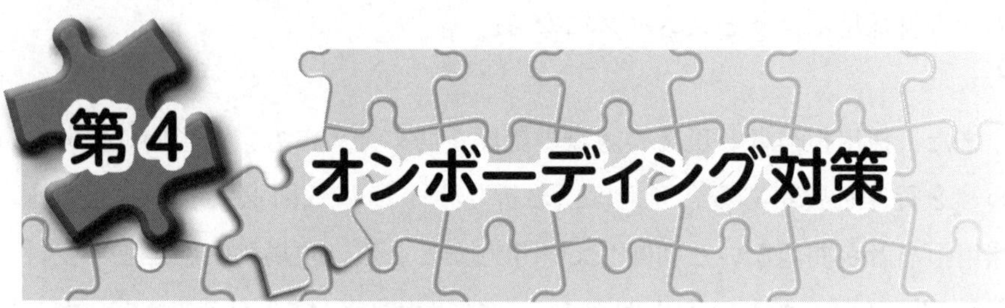

第4　オンボーディング対策

他社との競争が発生する採用に対し、オンボーディングには秘密にしておきたいノウハウが少なく、事例を集めやすい。当社のような外国人材採用の支援サービスを運営する企業に聞くのも有効だ。様々な事例を参考に、自社の対応を決めるといい。

ただし、外国人材だからといって特別に構える必要はない。入社前はビザなど外国人材特有の対応が発生するが、入社後は日本人の新入社員と基本は同じだ。言語や文化の違いがあるのは事実だが、それ以外は通常のオンボーディングに沿って考えればいい。国を越えた引っ越しを伴い入社している分、日本人よりも外国人材の方が早期退職の可能性が低いという見方もある。

その前提で外国人材のオンボーディングについて、日本人採用時との違いを中心に、入社前の準備と入社後の対応の二つのフェーズに分けてポイントを見ていこう。

入社前の準備1. 複数名の採用

外国人材の採用では、複数人が同時に入社するのが好ましい。同じ国の出身者であればなお良いだろう。外国人材は日本企業内ではマイノリティであり、どうしても孤立しやすいため、同じ境遇で支え合い、助け合える仲間の存在は重要だ。複数人の外国人材がいれば、ほとんどの場合お互いの寂しさを埋めるために自然と仲良くなっていく。

入社後は本人の言動が自社の慣習に合わない事態が多かれ少なかれ必ず生じる。外国人材が一人しかいない場合は「外国人メンバーが変なことをしている」と違和感の矛先が個人に向きやすくなってしまうが、外国人材が複数人おり、彼ら・彼女らが同じことをしていれば、「これは日本独自のやり方なのかもしれない」と文化やバックグラウンドの違いに意識を向けやすくなる。

筆者自身、振り返れば社内の外国人メンバーが１名だった頃は、やはり日本人との違いを感じるたびに「変な子だな」という目で見てしまっていた。その後、外国人材の人数が増える中で「これは文化の違いなんだ」と自身の考え方を改めるようになったのを実感している。

とはいえ、どうしても１名しか採用できないケースもあるだろう。その場合はスキルよりもカルチャーフィットを重視し、「この会社で働きたい」という意思が見える人材の採用を推奨したい。一人だとどうしても孤立しやすく、またつらい場面で踏ん張りがききにくいため、採用時の本人の意思や周りと馴染めそうな人柄かどうかは重要だ。

入社後に関してはメンターをつけるといいだろう。就業中はもちろん、土日を含めたプライベートの孤独感を埋めることも視野に入れ、留学経験者など、できれば本人からの志願で人選を行えるといい。業務との境目が曖昧になりやすいため、面倒見が良く好んで仲良くしてくれそうな人をアサインするのが理想だ。

また、交流を活性化させ、関係性を深めるためのランチや飲み会、バーベキューなどのイベントの機会をつくるのも効果的だ。総じて外国人材の参加率は高く、業務外のプロジェクトにも積極的な人が多い。イベント企画チームに巻き込んでしまうのもいいだろう。社内にクラブ活動など業務外のコミュニティがあれば、そこへの参加を促すのも有効だ。

入社前の準備2. 外国人材のマネジメント経験者の確保

外国人材を受け入れるにあたり、肝となるのがマネジャーだ。外国人材のマネジメント経験があるのが理想だが、せめて海外勤務経験や留学経験など、異文化への耐性やバックグラウンドの違いから来る違いを受け入れられる人材を確保しておきたい。

外国人材が入社した当初は、多かれ少なかれコミュニケーション面で苦労が生じる。上司としては日本語で仕事を頼む方が楽であり、外国人材とのコミュニケーションへの慣れがない場合、日本人ばかりに仕事を依頼してしまうことが起きかねないが、それを見ている外国人材からすると「なぜ自分に仕事を任せてくれないのだろう」と疎外感につながってしまう。

さらにいえば、外国人マネジャーがいるのがベストだ。女性を採用する際に「管理職に女性はいますか」と聞かれた経験を持つ採用担当者は多いだろう。これから入社する人にとって、トップに同じ属性の人がいることの安心感は大きい。

そういう意味でも早期に外国人材採用を始めることが重要だ。外国人材をメンバーからマネジャーに引き上げる事例をつくれれば、その後の採用が優位になる。キャリアアップの事例となるのはもちろん、中途採用でいきなり外国人材をマネジャーとして採用する苦労や入社後の立ち上がりやカルチャーフィットにかかるコストを考えれば、自社でマネジャーまで育てた方が現実的だろう。

当社ではフィリピン人女性が部長に昇進したが、それにより外国人材が活躍する会社というだけでなく、「性別や国籍に関係なく、あらゆる人が活躍できる会社」という企業ブランディングに大きく寄与しているのを感じている。

入社前の準備3. 来日後の生活サポート

外国人材が来日してから入社するまでの各種対応はそれなりの工数がかかる。どれだけ受け入れに慣れていたとしても、飛行機の遅延や欠航が起きたり、来日した外国人材が思わぬ行動をしてしまったことでトラブルになったりと、予期せぬ事態が起こることも珍しくない。夜や休みの日の対応もあり、どうしても時間外労働は増えてしまう。

また、役所や銀行での外国人材の各種手続には、運用にばらつきがある。銀行によっては事前予約が必要だったり、口座を作れる支店と作れない支店があったりと、手続に翻弄されることも多い。

だからこそ、担当者には世話焼きな人をアサインしたい。入社前のサポートはあくまで業務の一環だが、面倒見が良い人でなければ対応が雑になりやすく、外国人材も申し訳なさを感じてしまい、お互いにとって良いことがない。事前にオンラインで担当者と外国人材がコミュニケーションをとる機会を設けるなど、担当者が外国人材のサポートをするモチベーションを上げる工夫も必要だろう。

あるいは、当社のような来日後の生活支援をサポートしている外部企業に対応を委託するのも選択肢の一つだ。特に初めての受け入れとなる場合、最初の立ち上げはプロに依頼し、すべき手続を把握するのもいいだろう。

入社前の対応. 日本語教育のサポート

日本語教育のサポートというと、入社後の対応としてイメージする人が多い。だが、実は入社前が肝心だ。入社後は業務に関して覚えることが多々あり、さらに日本の生活にも慣れなくてはならない。そこに日本語学習が加わると本人がキャパオーバーになってしまいかねず、仕事時間を削って日本語学習を行う場合は「早く仕事を覚えたい」という本人の意思とのギャップが生じることで、「出遅れてしまう」という焦りを抱かせることにつながりやすい。

また、内定後から入社までの日本語学習のサポートは心理面の効果が大きい。海外在住の外国人学生の場合、日本企業への就職は「初めての就職」かつ「生活する国が変わる」のであり、本人の不安は日本人学生以上に大きい。だからこそ入社前に日本語を学習することは学生の安心感につながるのであり、同時にリテンション対策にもなる。この点は第６章の外国人材に対して行ったアンケート結果も参考になるだろう。「入社前にもっと日本の勉強をしておけばよかった」という後悔の声は多く寄せられている。

企業にとっても、入社後の日本語学習のサポートは位置付けが難しい。業務の一環と捉え業務時間内の日本語学習を良しとするのか、そうでない場合は時間外労働にならないだろうかといった懸念事項が生じるが、入社前であればそれらを考える必要はない。そういう観点でも入社前に手厚く日本語教育を行うのが得策だ。

サポートの仕方としては、オンラインの日本語教室を利用するのがいいだろう。外国人材の内定者が複数人いるのであれば、内定者が一緒に授業を受けられるようにするといい。それによって日本語学習と同時に、来日前から外国人材同士の横のつながりをつくることもできる。

1～3か月に1回ほどの頻度でオンライン面談を行うのも効果的だ。入社までのスケジュールや日本での生活についてなど、毎回テーマを設け、入社前の説明を兼ねて日本語でのコミュニケーションをとっている企業もある。

■内定者座談会（提案例）

業種：製造業　所在地：熊本　10月入社に向けて計5回のオンライン座談会の開催

開催時期		テーマ	内容	説明担当
12月	中旬	・入社までのスケジュール確認 ・質疑応答	入社まで流れ（予定表共有）	ASIA to JAPAN
			サポート体制について -- 予定する日本語教育・受入れ時の支援・住居など	御社
2月	上旬	・熊本での生活について ・質疑応答	熊本の紹介 -- 環境や風土、名所、気候など	御社
			生活インフラについて	
4月	下旬	・来日、入社に向けた手続き ・質疑応答	申請・手続きに関するお知らせ、準備のお願い	ASIA to JAPAN
			入社に向け提出が必要な書類などの説明	御社
6月	中旬	・会社での働き方について ・質疑応答	年間のスケジュール、会社行事など	御社
			先輩社員との交流会	
8月	中旬	・来日、入社後のスケジュールについて ・質疑応答	来日・入社以降の流れ（予定表共有）	御社
			来日手順の説明	ASIA to JAPAN

余談だが、日本語のトレーニングになるだろうという考えから、入社間もない外国人材に議事録作成を依頼するのは避けてほしい。専門用語や社内用語が早いテンポで飛び交う会議の内容を理解し、それを議事録に落とし込むのは想像以上に困難な作業だ。当社の外国人材の中で最も高い日本語力を持ち、言われなければ外国人材とは気付かないレベルで日本語の会話ができる者でさえ、入社後最初の半年間は「会議の内容が少なからず理解できなかった」と言っていた。

書くトレーニングを目的とするのであれば、日報の方がいいだろう。議事録作成は他の人でもできる作業だが、日報は本人の考えを書くものであり、ミスがあっても業務に支障は生じない。

入社後の対応. 定期面談の実施

外国人材の入社後は定期面談の機会を設け、仕事への満足度や困りごとがないか、ヒアリングを行おう。入社1週間後、1か月後、3か月後、6か月後、1年後、それ以降は年1回の頻度を目安に、あらかじめスケジュールを押さえておくといい。

海外在住の外国人材の場合、母国から日本に移っている分、環境の変化が大きく、入社前のイメージと入社後の実態とのギャップは日本人以上に生じやすい。他に、海外はジョブ型雇用が主流だが、日本はメンバーシップ型雇用であり、「新卒社員＝総合職」という認識を現場が持っているケースもある。その場合、業務内容にも本人の想定との齟齬が生じやすく、注意が必要だ。

実際に大手企業に入社したものの、入社後に配属予定だった部署がなくなってしまったり、状況が変わって予期せぬ仕事をすることになったりといった理由から退職につながるケースはある。ジョブ型雇用であれば予定していた仕事がなくなった時点で雇用を取りやめることができるが、メンバーシップ型雇用ゆえにそれができず、こういった事態が起きやすいのだ。定期面談ではそういった点を意識して本人の想いを確認できるといい。

ただし、本人の想いを聞くだけでは不十分だ。重要なのはその後であり、「分かりました」と言いながら解決に向けて動いている姿が見えず、さらに事後報告やフィードバックがなければ「何のための面談だったのか」と不満を逆撫ですることにもなりかねない。不満の中には人事担当者がどうにかできる問題ではないものもあるが、せめて不満を受け止め、解決に向けて動いている姿勢を示したい。会社が親身になって動いてくれたと思えるだけで解消できる不満もあるのだ。

また、面談を行う担当者はできるだけ同じ人であるのが理想だ。定期的に面談を繰り返し、関係性を築いたからこそ率直な話ができるようになる。仮に外国人材が退職することになった場合も、辞める理由をごまかさず、正直に話してもらえる可能性が高まる。外国人材が不満を言いやすいよう、利害関係のない直属の上司や先輩以外の人を担当者としてアサインするのもポイントだ。

第５　受け入れ研修（新人向け、部署向け）

オンボーディングの一環として重要なのが、受け入れ研修だ。外国人材と受け入れ部署の双方に向けて「日本と海外の違い」を理解するための研修を行う必要がある。

なぜならば、外国人材採用におけるトラブルの大半は「知らない」ことが原因だからだ。ほとんどのトラブルは知っていれば防げることであり、それゆえに日本と海外の価値観のおおよその傾向をお互いに知っておくことが重要だ。

では、具体的にどのような研修を行えばいいのか。前半ではそれぞれのポイントを、後半では当社が提供している研修内容を紹介しよう。

外国人材に対する研修

外国人材に向けた研修では、日本企業で働く上での心構えを伝えるイメージを持つといい。

例えば、時間の価値観。「約束の時間に遅れてはいけない」という考え方自体は万国共通だが、その温度感は国によって大きく異なる。そして日本の場合、時間に対してはかなり厳格だ。国によっては「時間に遅れてはいけないけど、遅れることもある」という感覚だが、日本の場合は額面どおり「時間に遅れてはいけない」のである。

他に外国人材が戸惑いやすいのが報連相だ。報告、連絡、相談の重要性もまた全世界に共通するものではあるが、日本企業はチームの意識が強く、海外と比べて報連相を強く求める傾向にあり、こういった違いが外国人材の混乱の元となることは非常に多い。

大前提として、国によっても個人によっても感覚は大きく異なる。一般的にドイツ人は厳格だと言われるが、ドイツ人もジャマイカ人も日本人にとっては同じ外国人であり、一概に「海外はこういうもの」と決めつけることはできない。ただし、時間への厳しさや報連相の感覚、上下関係など、日本独自の特性や風習のようなものはある。そういった点を事前に共有することは、現場配属後のトラブル軽減につながるはずだ。

なお、日本に憧れと敬意を抱いている外国人材の場合、日本の感覚に合わせようとする人も多い。たとえ出身国が時間にルーズであったとしても厳格に時間を守るなど、「日本人と同じようにしたい」という意識は強い傾向にある。

受け入れ部署向けの研修

本章の冒頭で述べたとおり、文化の違いや個人の事情によって生じる細々とした対応は受け入れ後にすり合わせていけば十分だが、日本と海外の大まかな違いは事前に押さえておいた方がいい。国籍や宗教によって考え方や価値観が異なるため、基本的な知識を習得しておかなければ大きな混乱を招いてしまう可能性が高まる。

例えば宗教への基礎知識があれば、ムスリムの女性に対して「ヒジャブを取るように」と指示したり、「あなたの歓迎会なのだから飲まないと」

と言ってしまったりすることが、どれほど非常識なことかが分かるだろう。

もちろん国や個人によって違いはあり、「外国人材だからこうである」とひとまとめにして言い切れるものではないが、一例を挙げると、日本人と外国人材では仕事への価値観が異なることが多い。

日本では自己実現や自己成長など「自分のために働く」傾向にあるが、他のアジア各国は「家族のために働く」が色濃い。そのため家族が病気になった場合、日本では仕事で穴をあけないことを考え、極力休まない選択をする人が多いが、他のアジア各国では、ほぼ100％が休暇をとって看病をする。こうした違いを知らなければ、外国人材の言動を非常識に感じやすくなってしまう。

こうしたおおよその傾向とともに、「違いがある」という事実を理解することが受け入れ時の土台となる。ちょっとしたジェスチャーひとつをとっても意味合いは各国で異なることもあり、そういった違いの全てをあらかじめ理解するのは不可能だが、「日本人にとっての当たり前が通用しない」という意識さえあれば、頭ごなしに外国人材の言動を否定せずに済むだろう。受け入れ部署のメンバーの他、教育係やメンターなど、外国人材との関わりが多い人も含めて研修を行い、理解を深めることが重要だ。

外国人材向け、受け入れ部署向けの双方とも、既に外国人材が働いている企業であれば、本人や外国人材の上長に研修講師を依頼し、体験談を話してもらうといい。ただ、研修は講師が第三者であることによる効果も大きいため、基本的には外部の研修を導入し、専門家に任せることを推奨する。

ASIA to JAPANが提供する研修

具体例として、当社が提供する受け入れ研修の内容を紹介する。外国人材向け、受け入れ部署向けの双方とも、グループワークでのディスカッションと、その内容の共有をセットに進めていくのが基本だ。

■ASIA to JAPANが提供する受入れ研修の概要

外国人社員（新入社員）と受入れ部署を対象に、それぞれワークショップを開催

対象者	趣旨	形式
外国人社員（新入社員）	初めての会社勤務且つ自国を離れて生活をスタートする外国人社員が、「働く」（異文化の地で働く）とはどういうことなのか？自らの言葉で考えながら、違いの受け止め方や周囲との関わり方を学ぶマインドセット型の研修	オンラインワークショップ90分間 集合型 最大6名まで
受入れ部署	外国人新入社員の上司や同僚となる方が、会社から期待されていることや、新入社員の状況を想像しつつ、他社の取り組み例なども参考にしながら、受入れの時に意識しておくべき事、工夫すべき点などを明確にしていきます	

外国人材向けの研修は、まずは日本での仕事や生活のイメージを膨らませ、そこで違いを感じた時にどうすればいいのかを理解し、その上で具体的な日本企業の特徴や他の外国人材の経験談を紹介する流れで行う。

■外国人社員（新入社員）ワークショップの流れ

専任の講師（コーチ）がファシリテート
Lecture ▶ Discussion ▶ Share を繰り返しながら進めていきます

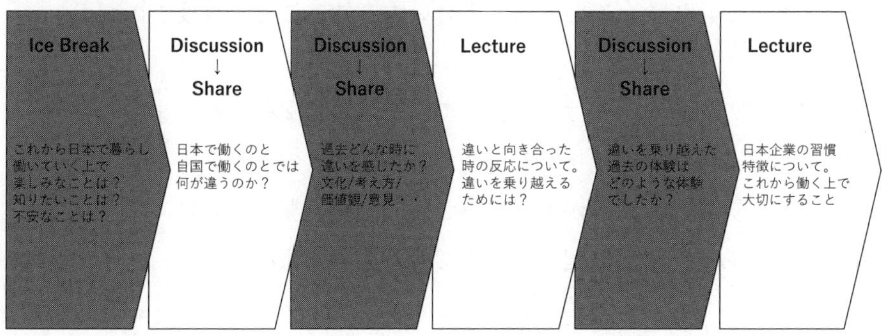

一番重要なのは「違いの受け止め方」を理解してもらうことだ。外国人材は入社後あらゆる違いに直面するからこそ、まずは違いだらけであることを前提と捉え、違いがあった時の対処法をこのワークショップを通じて理解することが本研修最大の目的だ。

そもそも外国人材の新卒社員は日本企業への入社に際して、「母国から日本への生活環境の変化」、「学生から社会人への変化」、「言葉の変化」と、一気に複数の変化が起こる。様々な違いから壁にぶつかることになるが、その原因がどこにあるのかが見えにくくなりがちだ。

その際に仕方がないと諦めたり周囲に怒りを向けたりするのではなく、「なぜこのような状況になっているのか」を周りの人との対話を通じて理解していかなければならない。

そのための基本の考え方が、「もっと見る(to see more)」だ。当社では違いに対して「戦う」「逃げる」以外の視点として、対話を通して背景の違いをお互いに理解することの重要性を伝えている。

先に紹介した時間感覚の違いなど、代表的な違いに関しては事前に知っておくことができ、それによって防げるトラブルもある。ゆえに日本文化の理解を深めるための情報提供も必要だが、実際には想定できない違いが山ほどあるからこそ、違いとの向き合い方を知ることが重要なのだ。

研修実施のタイミングは、入社してから現場に配属されるまでの期間が良いだろう。入社前に行ってしまうと、外国人材の不安をあおることになりかねない。また、人事が同席することで本音の発言がしにくくなってしまうこともあるため、外国人材のみで行う方が効果的だ。

受け入れ部署向けの研修も基本の内容は同じだが、外国人材が感じる違いは出身国や個人による差が大きいのに対し、受け入れ部署が直面する違いやそれによるトラブルはある程度共通点がある。起こり得ることが想定しやすい分、具体的な事例やノウハウを交えた構成となっている。

■受入れ部署向けワークショップの流れ

専任の講師（コーチ）がファシリテート
Lecture ▶ Discussion ▶ Share を繰り返しながら進めていきます

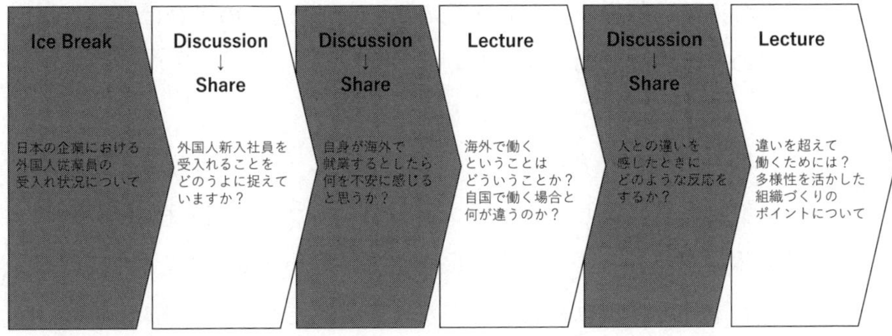

Ice Break
日本の企業における外国人従業員の受入れ状況について
Discussion ↓ Share
外国人新入社員を受入れることをどのうように捉えていますか？
Discussion ↓ Share
自身が海外で就業するとしたら何を不安に感じると思うか？
Lecture
海外で働くということはどういうことか？自国で働く場合と何が違うのか？
Discussion ↓ Share
人との違いを感じたときにどのような反応をするか？
Lecture
違いを超えて働くためには？多様性を活かした組織づくりのポイントについて

大きな違いは、外国人材の紹介パートがある点だ。日本人の新卒社員を受け入れる際に部署で履歴書を共有することがあるが、この場合はもっと人物像が伝わる内容にできるといい。出身地や趣味、家族構成などの情報や本人からのメッセージがあれば、受け入れ部署のメンバーが外国人材とコミュニケーションをとるきっかけになる。同時に、宗教をはじめとした配慮事項も共有できると安心だ。個人情報なので本人に許諾が必要だが、喜んで情報や写真を送ってくれることがほとんどだ。

第６　お試しとしてのインターンシップ

外国人材採用は「まず始める」ことが重要だとお伝えしてきたが、とはいえ一人目の採用に不安を感じる企業もあるだろう。その場合は、インターンシップでの受け入れをおすすめしたい。

自社に外国人材が馴染むのか、コミュニケーションの問題は大丈夫か。そういった不安要素に対し、まずインターンシップで外国人材を受け入れれば、疑似体験ができる。受け入れにあたり準備が必要なこと、あるいは今の体制でも十分受け入れられることなどが実感として分かるはずだ。受け入れ部署の社員が「意外といけそうだ」という感触をつかめれば、採用に向けて弾みもつく。複数名の受け入れもしやすく、各国の特徴や違いを知るきっかけにもなるだろう。インターンシップの話は外国人材の大学の後輩や友人にも伝わりやすく、リファラル採用面でも効果的だ。

海外ではインターンシップへの参加が大学の単位として認められるケースもあり、長期休暇以外の期間でも数か月～半年の長期にわたりインターンシップを行うのが主流だ。また、日本のインターンシップは「就業体験」の色が強いが、海外の学生にとってのインターンシップは「キャリアを築く」感覚であり、インターンシップを経て採用されるのが一般的であるため、日本人学生のインターンシップとは必死さが異なる。大学や他のインターンシップ先で実践経験を積んでいる人も多く、即戦力として仕事を任せられるのも魅力だ。

最近ではオンラインでインターンシップを行うことも増えたが、よほど日本で働きたい意思が強く、日本語を熱心に勉強しているような外国人材以外にとってのメリットはほとんどない。オフラインは来日費用や滞在費などのコストはかかるが、採用することと比べれば負担は少なく、外国人材の受け入れを疑似体験するという意味でもオフラインの方が適しているだろう。

インターンシップには有給と無給があるが、有給だとビザの手続が煩雑になるため、無給の方が気軽に試せる。その場合は企業が渡航費や滞在中の生活費を有給インターンシップ扱いにならない範囲で負担することになる。無給とはいえ外国人材にとっては無料で日本に長期滞在できる機会になり、それだけでメリットに感じる人は多い。

なお、日本語力を求めないオフラインのインターンシップ募集に対し、通常出会えないような超優秀な人材が応募してくることが稀にあるが、一般的な新卒の給与では採用できる可能性が低いことは念頭に置いておこう。超優秀層は「日本に無料で来られて、かつ単位にもなる」という理由で応募していることがほとんどであり、インターンシップ期間中は「ぜひここで働きたい」と前向きな姿勢を示していても、それが本心ではない可能性が高いのだ。インターンシップ後に現場から「ぜひ採用したい」と熱い要望があったものの採用できず、人事担当者が責められてしまうケースもあるため、受け入れる現場との期待値調整は忘れず行っておきたい。

第６章

日本で働く外国人材への
アンケート調査結果

現在日本に在住し、日本で就業中の外国人材171名に対して当社が行ったアンケート調査の結果を見ていこう。

なお、回答者の男女比はおおよそ半々、年代は約８割が20代で、全体の９割弱が海外の大学を卒業。新卒で日本企業に入社した人の割合は約８割となっている。調査概要及び回答者プロフィールの詳細に関しては158Pに記載する。

第１　外国人材の日本語力について

外国人材にどの程度の日本語レベルを求めるか

外国人材採用に関して、多くの企業が抱く懸念事項の一つが外国人材の日本語力だ。入社時に求める日本語力はどの程度が妥当なのか、アンケート結果から考えていきたい。

まずアンケート回答者のうち、日本企業に入社する前に日本語を勉強した人の割合は、国内外の大学・大学院又は日本語学校で学んだ人が64%、独学で学習した人が30%と、合計で94%。ほとんどの人が入社前から日本語学習を開始している。

「日本企業への入社前に、日本語を勉強しましたか？」

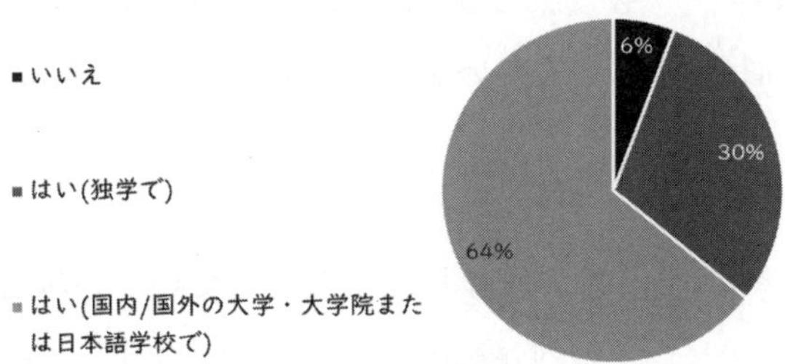

ASIA to JAPAN

外国人材の日本語レベルは、入社前はＮ３が36％と最も多かったが、入社後はＮ２が45％と、入社前のＮ２の割合の倍近くまで増える。入社後に日本で生活する中で日本語力が伸びるのはもちろんだが、日本企業との面接時に目指すべきレベルがＮ３、入社までに目指すレベルがＮ２という、それぞれのフェーズで目安とされているレベルに準じた結果と考えられる。日本語能力試験（JLPT）のウェブサイトに「Ｎ１とＮ２では、現実の生活の幅広い場面での日本語がどのぐらい理解できるかを測ります。そしてＮ３は、Ｎ１、Ｎ２とＮ４、Ｎ５の『橋渡し』のレベルです。」とあるように、Ｎ２とＮ３では求められるものが異なるのだ。企業としては、日本語で面接を受ける外国人材のJLPTのボリュームゾーンはＮ３であり、選考基準をＮ１、Ｎ２にすることで採用難易度が一気に上がることを知っておきたい。

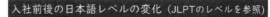

入社前後の日本語レベルの変化（JLPTのレベルを参照）

ASIA to JAPAN

また、JLPTはペーパーテストであり、JLPTの結果と日本語会話のレベルが比例しないケースも当然ある。あくまで書類選考の基準となるものであり、実際の面接で「どのくらい話せるか」を確認し、採用の判断をするのが重要だ。

仮に書類選考時にJLPTが選考基準を満たしていない場合であっても、志望動機や自己アピールの内容次第では面接に進めることを当社では推奨している。というのも、JLPTは年２回しか受験のチャンスがなく、申し込み期間を含めると試験日の５か月前に受験の意思決定をする必要がある。そこから結果が出るのに１か月程度かかるため、受けようと思ってから実際に取得するまでに半年以上かかってしまう。つまり、実際は日本語で面接ができるレベルであるにもかかわらず、タイミングが合わずにＮ４、Ｎ５しか持っていないというケースもあるのだ。

JLPT以外に日本語力を判断する材料がなければ仕方がないが、「日本語の勉強をこれだけやっている」「日本語でこういうことができる」といった内容が日本語で書いてあり、その内容に期待が持てるようであれば、面接をしてみるとチャンスは広がるだろう。

もう一つ重要なポイントは、外国人材の出身国を漢字圏とそれ以外に分け、それぞれで日本語要件を変えることだ。以下は「日本企業に入社する前に日本語を勉強したか」という質問の結果を東アジア（中国、台湾、香港、韓国、モンゴル）とそれ以外の地域に分けて集計したグラフになる。その他の地域では、Ｎ１～Ｎ５の全てのレベルにおいて学校で日本語を学んだ人の割合が６～8割になるのに対し、東アジアではＮ３取得者のうち、学校で日本語を学んだ人はゼロという結果になった。

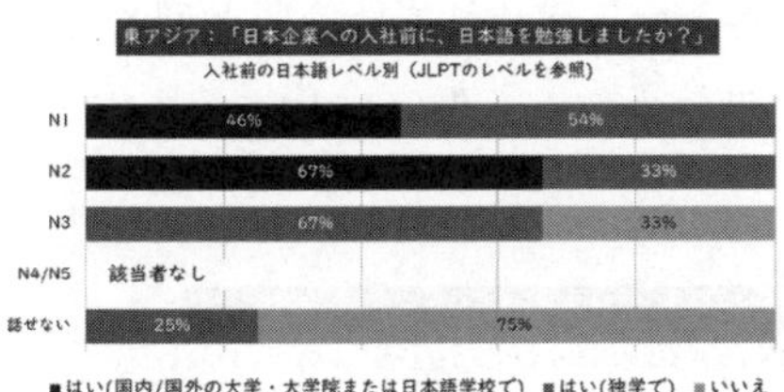

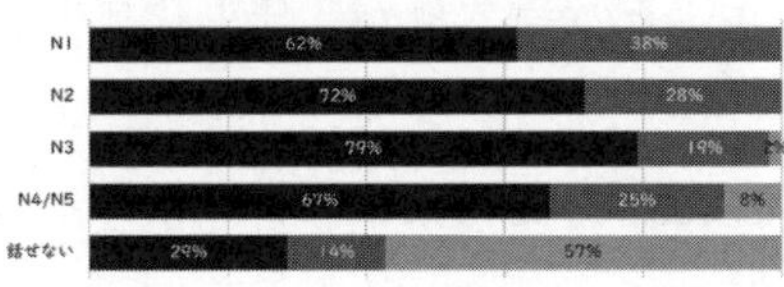

JLPTは日本語が分からなくても漢字さえ知っていれば点数が取れてしまう面があり、漢字圏である東アジア出身者は比較的取得が容易なのだ。Ｎ４、Ｎ５取得者がいないのもJLPTをＮ３から受けていることが背景にあり、腰を据えて日本語を勉強しなければJLPTを取得できない他の地域とは、そもそもの日本語学習のスタートラインが異なる。

つまり、東アジアとその他の地域では日本語の習得難易度に歴然とした差があるのだ。同じＮ３であっても、東アジア出身者とその他地域出身者で取得難易度は別物であることを企業は認識しておきたい。外国人材採用と一括りにするのではなく、出身国も加味した上で日本語要件を設定しなければ、東アジア以外の地域の出身者の採用が難しくなってしまうことを知る必要があるのだ。

なお入社後の日本語の伸び方についても、やはり東アジア出身者の方が早い傾向にある。受け入れ後の日本語学習に関しても、出身国を考慮して評価をしていただきたい。

なぜ外国人材に日本語研修の機会を提供する必要があるのか

外国人材の入社後、日本人と仕事をする中で日本語レベルは上がっていくとはいえ、日本語を学ぶ機会を提供するのは重要だ。アンケートによると半数以上が「企業から日本語研修の機会を与えられている」と回答しており、その約７割が「仕事及び生活に役に立った」と評価している。

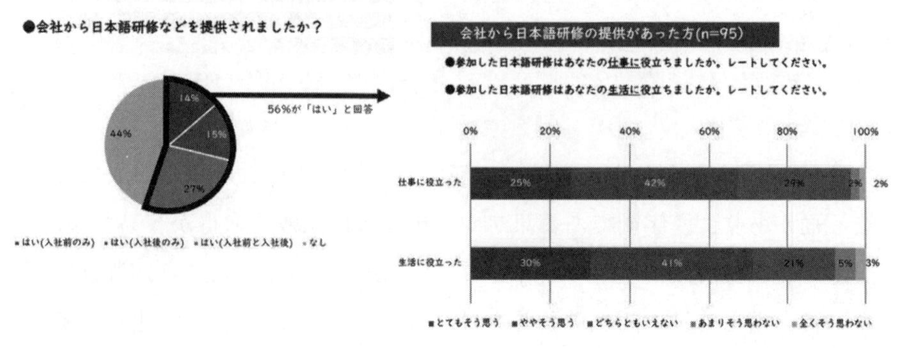

特に推奨したいのは、入社前の日本語研修の提供だ。その重要性は120Pで指摘したとおりだが、内定を出してから入社するまでに数か月～１年ほど期間が空いてしまうこと、さらに物理的な距離もあって内定者の様子を把握するのが難しいことを考えれば、内定者と接点を持つ意味でも日本語研修の提供は有効だ。日本語を学ぶことが内定者の安心感につながるのはもちろん、企業にとっても外国人材のオンボーディングや定着に関して、事前に唯一対策を打てるのが言語なのである。

実際にアンケート回答者からは、「日本語ができると周りの人に質問がしやすくなり、仕事だけでなく生活にも慣れやすいと思う」「上司の指示を適切に聞き取り、理解できないと迷惑がかかってしまうと感じる」といった声があり、日本語力が入社後の立ち上がりに影響することが見て取れる。

また、「事前に求められる日本語レベルを知っておきたかった」というニーズも多く寄せられた。外国人材にとっても、必要とされる日本語力を踏まえた上で、そこに向けて準備をしたい思いがあるのだ。

> 「事前にどの程度のスピーキング力が必要か知っていたら、もっと準備ができた」
>
> 「自分が想像していたよりもチームメンバーの英語力が低かったため、日本語をもっと勉強しておくべきだったと感じる」
>
> 「自分が考えていたよりも高い日本語力を期待されていると入社後に気が付いた」
>
> 「専門用語なども含めた語彙が必要だと入社後に知った。それらを事前に学習できていれば、もっとスムーズに溶け込めたと思う」
>
> 「ビジネスシーンで使われる日本語なども含めて、事前に知っておけばもっと学習することができた」

他に以下のような回答も見られた。社内用語や自社独自のカルチャー、会社の所在地によっては方言に親しむ意味で、人事担当者やチームメンバーと会話をする機会を設けるのも効果的だろう。

> 「仕事で使う日本語は難しいが、ある程度パターン化されているとも感じる。そういった語彙を事前に学んでおくのは効率が良いと思う」
>
> 「授業では標準語しか習わないが、関西弁などの方言も含め、幅広い日本語能力が必要だと感じた」
>
> 「教科書で学習はできるが、敬語を知っていたとしても会社やチームのカルチャーの中で好ましいとされる丁寧さ度合いは異なると感じるので、そういった違いがあることを知っておきたかった」

最後に回答者の勤務環境についてだが、約半数が「日本語のみの環境」と回答している。裏を返せば、既に外国人材採用を行っている企業であっても、その約半数は日本語のみの環境で外国人材と仕事をしているのだ。

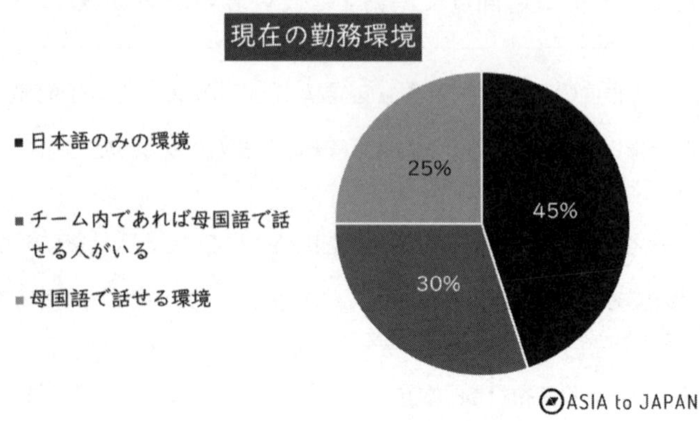

外国人材採用を検討する際に言葉の壁を懸念する企業は多いが、実際に外国人材を採用した企業の約半数が日本語だけで仕事をしている事実を踏まえれば、それほど言語の違いに臆することはない。面接での日本語力の確認と、採用後の日本語学習のサポートによって日本語力の問題はクリアできるのである。

第２　日本企業へ就職前に外国人材が感じていること

外国人材はどのような理由から日本で働きたいと思っているのか。コロナ禍前の2019年10月に行ったアンケート結果では「日本の文化が好きだから」が１位だったが、今回「日本の文化が好きだから」は３位であり、代わりに１位に浮上したのが「チャレンジしたかったから」だ。コロナ禍でおおよそ３年間、海外はおろか外出すら思うようにできない時期が続いたことによる世界的な閉塞感が影響していると推測される。

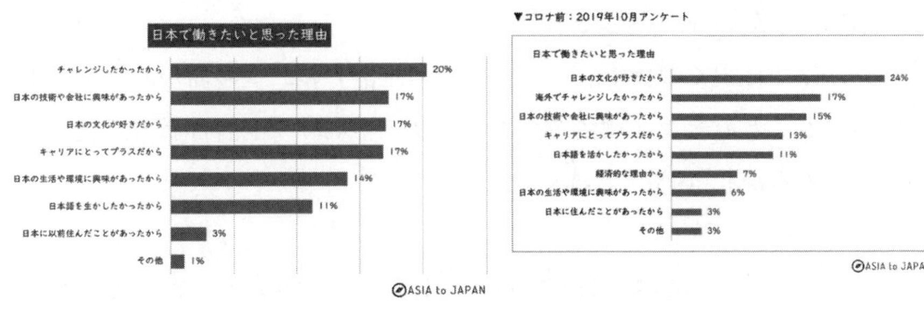

また「日本の文化が好きだから」が減った背景には、コロナ禍で留学や旅行の機会がなくなり、来日経験がない人が増えたことも影響しているだろう。2022年から再び外国人材が日本に来られるようになり、現在訪日外国人が右肩上がりに増えていることを考えれば、この先、外国人材の日本で働きたい理由は、2019年のアンケート結果に回帰することが予想される。

続いて日本企業に就職する前に不安に思っていたことを聞くと、最も多い回答は「自分の日本語が通じるか」（28%）だった。入社前の日本語学習の重要性について先述したが、それを裏付ける結果といえる。

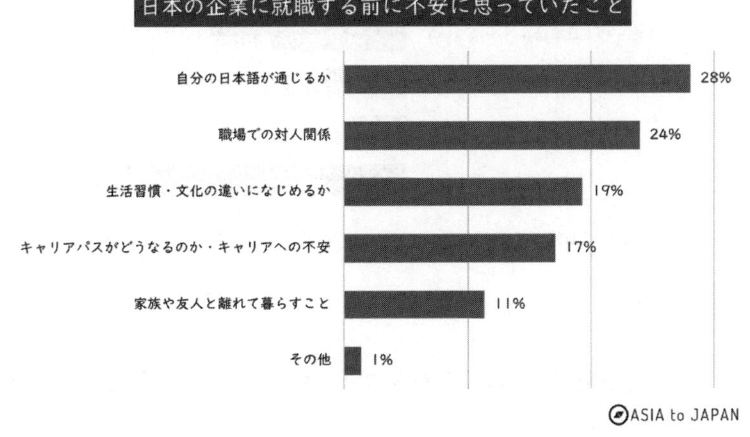

注：小数点以下四捨五入のため、グラフは合計が100%にならない場合がある。

日本で働きたい理由として挙がった「チャレンジしたかったから」のチャレンジには「日本での仕事」と「日本での生活」の二つの面があるが、不安に感じることもまた「職場での対人関係」（24%）「生活習慣・文化の違いになじめるか」（19%）と続く。

ただし、着目すべきは「日本で働く前に知っておきたかったこと」を聞いた結果、最も多い回答が「特になし」だったことだ。だからといって就業前のフォローが不要なわけではなく、外国人材の性格に左右されるところも大きいが、企業側が心配するほど外国人材は不安に思っていないケースもあるのだろう。企業は万全な対応をしなければと気負いすぎず、日本語教育の提供や日本での各種手続のサポートを行った上で、何かあったときに対応できる体制を用意しておけば、最低限の準備としては十分といえる。

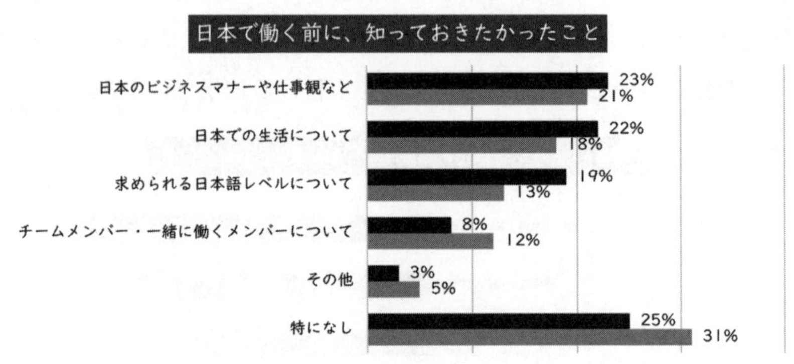

以下、その他の項目について具体的には何を知っておきたかったのか、それぞれ詳しく見ていこう。

日本のビジネスマナーや仕事観など

フリーコメントには、報連相やビジネスマナー、上下関係など、日本ならではのビジネス慣習に戸惑う声が多く見られた。124Pで触れたとおり、仕事をスムーズに始めるためにも、最初に日本と海外の価値観や商習慣のおおよその違いについてレクチャーするのは重要だろう。

また、「日本語でビジネスマナーの研修を受けたが、日本人の同期についていくのは難しかった。英語での研修もあればよかった」という意見もあった。外国人材の日本語力によっては、周囲からのフォローや英語対応の検討も必要だ。

<日本のビジネスマナーや仕事観を事前に知っておきたかった理由>

「入社後に学んだが、最初は日本の就業環境に溶け込むのが難しかった」

「働くためのビジネスマナーがたくさんあり、学ぶのに時間がかかるため」

「報連相の概念など、日本には非常に独特のビジネスカルチャーがあり、ルールも多いから」

「上下の人間関係など、言語化が難しいマナーなどを知っておくのはスムーズに馴染む上で大事だと思う」

「知らないと誤解を招いたり、印象を悪くしてしまったりすることがあるため」

日本での生活について

海外在住の外国人材にとって日本での就職は、単に「職場や仕事に慣れる」だけでなく、「日本の環境に慣れる」必要もある。新卒入社であれば「初めての社会人生活」がさらに加わるのであり、日本人の就職と比較し、生活を軌道に乗せるまでの負担は大きい。来日当初、最も困ったことは何かという質問についても「生活に必要な手続きなど（役所・銀行・携帯など）」が34％で最多という結果になった。

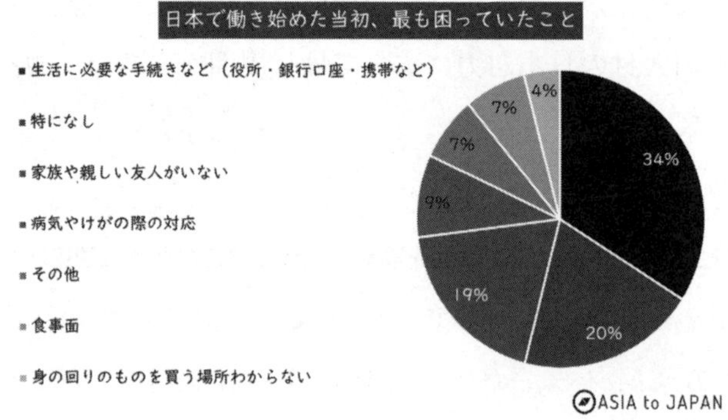

異国の地に移ったばかりのタイミングで、その国のシステムが分からず言語の壁もある中で、各種手続をするハードルの高さは想像に難くない。来日当初から日本での生活に慣れるまでの期間中、企業側のサポートは不可欠だろう。そして、前記グラフの他の困りごとも含め、サポートは決して難しいことではなく、日本人であれば誰でも対応できるはずだ。

他に、日本での生活について事前に知っておきたかったこととして、以下の回答が寄せられた。各種手続のほか、生活上の細かい違いや日本のルール、文化に戸惑う声が散見される。

<日本の生活について事前に知っておきたかったこと>

「銀行口座の開設や定期券の購入、電車の乗り降りや駅でのマナーなど、生活に身近なルールを知っておきたかった」

「地方の家電店では日本語の説明がほとんどで、Google Mapも漢字で地名が表示されるので困った。そういった細かなところも含めた生活イメージを知っておきたかった」

「人づてに聞いていたイメージとはかなり違った。生活文化が全く異なるため、一人で実際に生活するとなると大変だった」

「アパートや賃貸の探し方を知っておきたかった」

「ヒンドゥー教というバックグラウンドがあるので日本の食文化についてもっと知っておきたかった」

「金銭感覚についてもっと知っておきたかった。自国では外食が一般的で経済的とされるが、日本では自炊が基本で節約のためには必要だと、お金を使い過ぎてから気付いた」

「日本の田舎で暮らすとはどういうことなのか事前に知っておくべきだった」

「本音と建前という概念はとても興味深く、独特なコンセプトであり、ハイコンテクスト文化について事前に理解しておくのは大事だと思う」

事前にこうした細かなニーズを把握しきれないからこそ、「違いがある前提で、違いに直面した時にどうするか」を最初の研修でインストールすることが重要だ。

同時に、問題に直面した時に気軽に質問、相談ができる体制を用意しておきたい。世話役となる同期やメンターを付ける、生活上の疑問を受け付けるチャットグループを作るなど、ちょっとした工夫で対応できるはずだ。

アンケート回答の中には「イメージがついているとより楽しく生活できると思う」という声もあった。生活の安定と職場での充実度は比例する部分も大きい。仕事で早期に活躍をしてもらうためにも、日本での生活を気持ち良くスタートできるよう、慣れるまでの期間は手厚くサポートをしたい。

他に、「来日のタイミングに合わせてファイナンシャルサポートがもらえたらうれしい」というリクエストも寄せられた。住宅を借り、生活に必要な家具・家電をそろえるとなると、来日当初にまとまったお金が必要になるため、一時金を用意できると理想的だ。実際に外国人材採用を行う企業の中には、海外から国を越えて日本に来ることを考慮し、外国人材にのみ一時金を支払う企業もある。地方から上京する日本人にも同じ悩みがあるのであり、外国人材にだけそのような待遇をするのが難しい場合は、ボーナスや給与を先払いするなど、日本人社員と差が出ないやり方で工夫したい。

なお、来日時の航空券代は当社顧客の９割以上が企業負担だ。引っ越し費用も会社が負担するケースの方が多い。

求められる日本語レベルについて

127Pで紹介したように、外国人材にも入社前にスムーズに仕事ができるように準備したいニーズがあることは覚えておきたい。

一緒に働くメンバーについて

一緒に働くメンバーについて知っておきたかった理由には、「入社前にお互いのことを知っていればコミュニケーションがとりやすいから」「自分がチームの人からどのような期待をされているか理解しておきたかったから」「新卒がどのようにチーム内で働くのか、イメージをつかむことができると思う」といった意見が目立った。これらの要望は日本人の新卒であっても同様だろう。

一方、外国人材ならではの理由としては、「外国人にとってメンバーを覚えて仲良くなるのは時間がかかるから」という声があった。日本語の名前に馴染みがないゆえに顔と名前を一致させるのが難しかったり、職場によっては外国人材が珍しい存在になってしまい、距離を縮めるのに時間がかかったりといったケースもある。事前に顔合わせの機会をつくるほか、入社後に懇親の機会を設けるなど、コミュニケーションの場を意識的に設けることが早期立ち上がりのポイントの一つとなる。

また、「他の外国人社員と事前につながることで仕事がより楽しくなると思う」という回答もあった。既に社内に外国人メンバーがいるのであれば、事前に両者をつなぐのも有効だろう。

第３　日本で働く外国人材が抱く不満・ストレス

これまでのアンケート結果から、入社前及び入社当初の外国人材が言葉や文化の違いなど、日本ならではの慣習やルールに対して戸惑いを覚えていることが見えてきた。

では、実際に日本企業で仕事を始めた後は、何に不満やストレスを感じているのだろう。

日本で働いてみて不満に思ったこと・ストレスに感じたこと

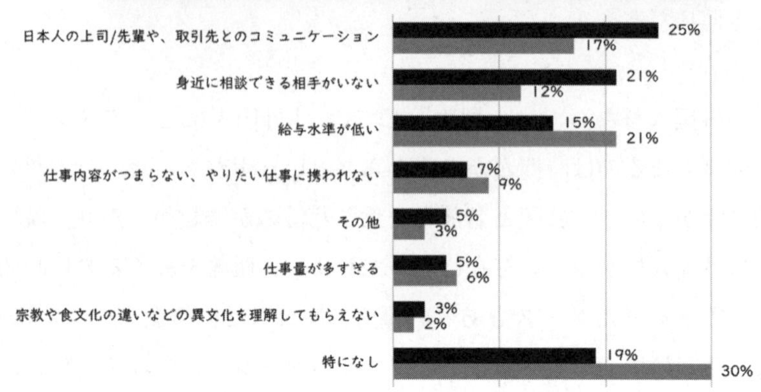

最も不満に感じていることは「日本人の上司/先輩や、取引先とのコミュニケーション」(25%) ではあるものの、総じて多いのはやはり「特になし」だ。また、日本企業が外国人材の受け入れに際して心配することの一つが宗教への対応だが、「宗教や食文化の違いなどの異文化を理解してもらえない」と答えた人は５％にも満たなかった。

アンケート回答者の現在の勤務環境の約半数が「日本語のみの環境」であることを踏まえれば、回答者の勤務先は必ずしも先進的な企業というわけではないだろう。それにもかかわらず「(不満は) 特になし」がこれほど多い結果を見れば、外国人材に向けた特別な制度を用意したり社内環境を整備したりといった対応の必要性はそれほど高くないともいえる。

要するに、企業が気にするほど外国人材は不満を抱いていないのである。アンケートに回答している外国人材の多くは「チャレンジしたい」と母国を飛び出したのであり、異文化に身を置くことへの覚悟を持って日本に来ている人材だ。文化や言語の違いは事実としてあり、それに紐づくコミュニケーションや孤独感などの課題は不満を感じるポイントの上位にきているものの、そういった点のフォローさえ行っていれば、制度や仕組みの部分はそれほど気にする必要はないことが読み取れる。

詳細は後述するが、上位の「日本人の上司/先輩や、取引先とのコミュニケーション」「身近に相談できる相手がいない」については外国人材特有の背景が大きく影響しているものの、「給与水準が低い」「仕事内容がつまらない、やりたい仕事に携われない」「仕事量が多すぎる」への不満の内容は日本人の若手人材が抱く不満とほとんど同じであった。文化や言語など明確に異なる点以外、不満を抱えるポイントは日本人も外国人材も変わらないのだ。

要は外国人材だからといって特別に考える必要はない。従来は「日本の雇用慣習に合わせてもらうためにどうするか」と考える側面もあったが、日本人の若手人材と外国人材の価値観が似通ってきた今、既存社員に向けた改善を行っていれば、結果的に外国人材の満足度も高まるというシンプルな話に過ぎない。第５章で指摘したとおり、総じて「外国人材にとって良い組織は日本人にとっても良い組織」であることを裏付けるアンケート結果といえるだろう。

以下、各項目の具体的な内容について紹介しよう。

日本人の上司や先輩、取引先とのコミュニケーション

上司や先輩、取引先とのコミュニケーションに対して不満やストレスを感じるのは、外国人材に限った話ではない。日本人の新卒であっても同様だ。

ただし、詳細を見ていくと外国人材ならではの悩みが見て取れる。

まずは言葉に関するものだ。外国人材の日本語力に応じて、噛み砕いて説明をしたり、通常より時間をかけて意見を聞いたりといった配慮は必要だろう。

「流暢に日本語が話せず、自分の意見をきちんと伝えられなかったり、他の人の意見を理解できなかったりすることがあった」

「日本語で専門用語を用いてのコミュニケーションはやはり難しさを感じた」

「言語の壁によって、アイデアはあるのに同期より質の低いアウトプットしかできないことがあった」

「細かなニュアンスの違いが分からずとても苦労した」

中には「コミュニケーションが難しい理由が、自分の日本語力不足なのか、相手の説明力不足なのかが分からない時がある」という指摘もあった。言語やバックグラウンドの違いがあるからこそ、「このくらいの説明で伝わるだろう」ではなく、どの程度理解しているのかを確認しながら丁寧に話すことが重要だ。「本音と建前の概念が分からずとても苦労した」という意見も見られたが、外国人材とのコミュニケーションにおいては察してもらうことを期待するのではなく、曖昧さを排しはっきりと伝える努力も求められる。

もう一つは、日本のビジネス慣習に起因する悩みだ。特に上司と部下の関係性に関して、自国との違いに苦労している人が多く見られた。

「上下関係の概念を理解するのが難しかった」

「トップダウンの組織スタイルがなかなか理解できなかった」

「上司に対して意見を言うことに躊躇する同期が多くて驚いた」

出身国や個人の性格によっても感覚は異なるため、実際のところは本人が仕事をしながら感覚をつかんでいくしかないが、受け入れ部署や上長もまた、外国人材の中には上下関係の考え方自体に馴染みがない人がいることを知っておきたい。

「日本人と外国人ではバックグラウンドが全く違う。上司やマネジメント層にはその前提を理解し、日本人の同期と比べないでほしい」という回答があったが、まさに指摘のとおり、異なるバックグラウンドからくる日本人とは違う視点こそが、外国人材の強みであることを忘れてはならない。

他に「オフィスがとても静かで気軽に質問をしていいのか戸惑った」「日本人は普段プライベートの話をしないのでコミュニケーションがとりづらい」といった回答も寄せられた。出身国にもよるが、海外と比較し、日本人は人との距離感が遠い傾向にある。その前提を踏まえ、話しやすい雰囲気づくりをしたり、時にはフレンドリーにプライベートの話をしたりと、外国人材に歩み寄る姿勢も必要だ。

ただし、日本人の中にもプライベートをあけすけに話す人もいれば話したくない人がいるのと同じように、外国人材も出身国や個人によって感覚は当然異なる。あくまで傾向の話であり、一括りに「こういうものだ」と決めつけないことの重要性は改めて指摘しておきたい。

身近に相談できる相手がいない

日本人と海外から日本に来ている外国人材の違いの一つが、家族や友人の存在だ。来日後間もない外国人材の大多数は、日本に親しい人がいない。さらに外国人材の中には「友人をつくったり、周囲の人との関係性を深めたりするのが難しい」と感じている人も一定数いるようだ。

「日本人はシャイな人が多く距離が縮まりにくい。近しい友人になるのは難しい」

「友人をつくるのが難しかった。寂しいと感じるときがたくさんあった」

「日本人は親しい人以外とは一定の距離をとる人が多いので、身近に家族や友人がいないと相談できる人がいない」

「コロナ禍でリモートワークだったので、職場の人と関係を深めるのが難しかった。若い人が少なかったので、より難しかった」

「仕事が忙しく友人をつくる時間がない」

「東京などの都市部では外国人コミュニティも多いが、地方ではそういったコミュニティも少ない。友人をつくるのが難しい」

なお、日本で働く中で困ったときに誰に相談したかを聞くと、多いのは「日本にいる友達」(36%)、「母国にいる家族・友達」(29%) という結果になった。注目すべきは「会社の人事」と回答した人が10%しかいない点だろう。

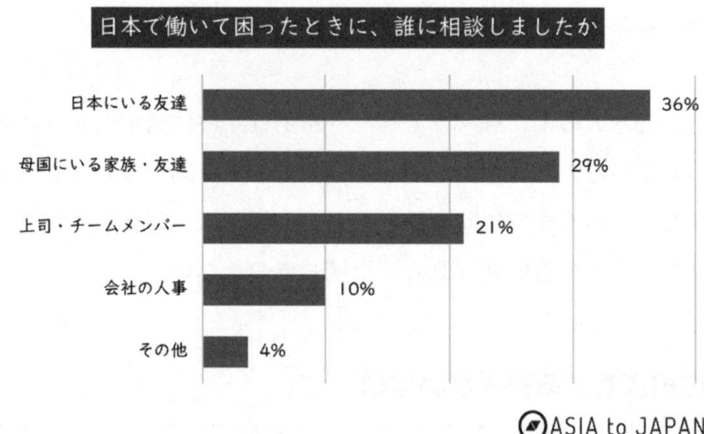

人事に相談する人が少ないからこそ、同期や外国人メンバーなど横のつながりをつくることが重要なのであり、ぜひ会社側で社内のネットワーク

づくりを支援したい。「初めは友人をつくるのも難しく孤独だったが、同じように他国から日本に来て働いている友人ができて気持ちが楽になった。来日する前から友人とのつながりをつくっておくべきだと思った」という回答から分かるように、入社前からチームメンバーや同期、同じ外国人メンバーとの交流の機会を設けるなど、あらかじめ周囲との関係性の基盤づくりをすることで外国人材の孤独感は減らせるはずだ。

他に、外国人材の相談窓口を用意するのも有効だ。中には「会社には外国人が少なく、英語が話せる人も少ない。体調を崩した時は孤独感を覚えた」という意見もあり、英語で相談ができる場所があることも外国人材の安心感につながることが想像できる。

なお、一番良いのは外国人材を増やすことだ。同じ立場で悩みを相談できる人を増やすことにつながり、先輩ができればロールモデルとしてキャリアの参考にもなる。

給与水準が低い

「業務に対して給与が見合っていないと感じる。与えられる業務もルーチンタスクが多く成長できない」という不満については、外国人材特有のものではなく、日本人の若手社員も同様だろう。日本企業では新卒社員に対し、一定期間待遇を一律とすることが多いが、実力や成果に応じて業務を振り分け、それに見合った給与を支払うことは長く勤めてもらう上で重要なポイントだ。少子高齢化により希少性が高まる日本人の若手人材も同じような不満を抱えていること、人手不足により外国人材採用をやらざるを得なくなることを踏まえて考えれば、この点は企業側が見直すタイミングにあるといえる。現に、最近では職種や過去の実績に応じて新卒社員の待遇に差を付ける日本企業も出てきている。

外国人材ならではの不満としては、「税率がとても高い。円安の影響もとても大きいと感じる」というものだろう。

まず、母国に住む家族に送金をしている人にとって、円安の影響により母国への送金額が目減りしている現実がある。年収500万円を支払っていたとしても、円の価値が下がれば海外での価値は実質450万円ということが起こり得るのであり、入社後に昇給したとしても、外国人材の母国での価値は昇給前と変わらないこともあるのだ。企業側が対応できる話ではないが、そのような事実があることは認識しておきたい。

また、日本は海外と比較し、所得税などの税率がやや高い傾向にある。これもまた企業側が変えようのない話ではあるが、例えばシンガポール企業と日本企業の両方から同じ年収額でオファーが出た場合、税金額を差し引いた手取り額を算出して比較する外国人材もいることは知っておきたい。採用時に自社が不利になりそうな場合は、福利厚生などのプラス要素を全て提示し、候補者にメリットを感じてもらうことが重要だ。

仕事内容がつまらない、やりたい仕事に携われない

「今の仕事内容は自分の大学時代の専攻と全く異なっており、自分の力が生かせていないと感じる」「面接の際に聞いていた業務内容と違う」といった不満は、まさにメンバーシップ型雇用の弊害だ。日本企業は総合職採用であり、「とりあえず新卒採用枠で入ってもらう」という考え方が根強く、入社後は一律で研修を受けさせ、適性を考えて配属先を決めるケースが多いことからこういった不満が起きやすい。

そしてこの不満もまた、日本人の若手が抱く不満と共通している。最近ではコース別採用や職種別採用を行う日本企業も増えつつあるが、この流れが加速すれば外国人材採用も行いやすくなるだろう。

また、「ルーチンタスクが多く、チャレンジングな仕事がない」という声もあった。先に紹介したアンケート結果では、外国人材が日本で働きたい理由の１位は「チャレンジしたかったから」だった。実際に国境を越えて日本で働いている時点でチャレンジ意欲は高い人材なのであり、だからこそ難易度の高い仕事を与えることによって仕事に飽きさせないことを意識したい。

第４　外国人材が日本企業に求める支援制度

外国人材向けの制度や仕組みを最初から万全に整える必要はないが、外国人材がどのような支援制度を求めているのか、そのニーズは理解しておきたい。

そこで、あったらいいと思う会社の支援制度について聞いたところ、「帰国のための連続休暇制度」と「帰国のチケット代金の補助」の帰国に関するものが飛び抜けて多い結果となった。

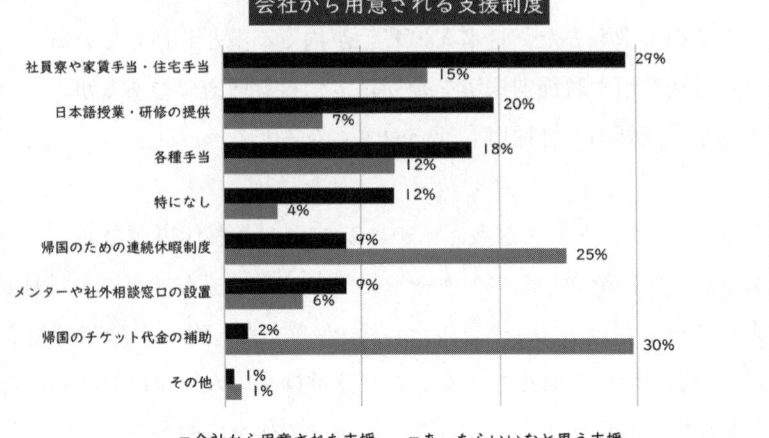

外国人材は、国を越えて日本に来ているからこそ、母国の家族や友人に会いたい気持ちが強い。自身が海外駐在していることを想像すれば、年末年始やお盆など、一般的に実家へ帰省するタイミングで帰国したい気持ちは理解できるだろう。仮に帰国ができない場合、「お正月なのに仕事で帰れないなんて大丈夫なのか」と日本にいる家族から心配されるように、外国人材にとっても母国や家族にとって大切なタイミングで帰国できないことが大きな出来事となり得ることを認識したい。

その際、日本と各国で重要な行事がある時期が異なる事実を忘れてはならない。例えば中国の旧正月は１月下旬～２月中旬だが、同時期の日本に行事や連休はなく、年末年始休暇の直後なこともあり、旧正月の重要性を知らなければ「また休むのか」と思ってしまいかねない。旧正月が繁忙期にあたるのであれば別だが、そうでない場合、「特に忙しくないのになぜ休ませてくれないのか」という不満を抱かせることにもつながってしまう。

もう一つ理解しておきたいのが、帰省の期間の違いだ。日本の場合は数日～1週間程度が一般的だが、海外の場合は数週間～1か月ほど帰省することも珍しくない。インドを例に挙げれば、家族が結婚すると1か月ほど結婚式のために仕事を休むのが一般的だ。

外国人材に向けて特別な制度をつくる必要はないが、こうした違いを踏まえた上で、自社の制度の範囲内でできることを模索したい。例えば、休暇前後の期間に母国でのリモートワークを認めることで長期滞在を可能にするのも一つの方法だろう。長期休暇となる年末年始やお盆は日本の文化に合わせて設けられているものであり、外国人材にとってその時期に休暇を取得したいニーズがないのであれば、長期休暇をずらして取得するといった対応も考えられる。

余談だが、外国人材が最も強く帰国したいと思うのは来日初期であり、一方で入社直後で有給休暇が少なく長期休みが取りにくいという問題がある。そこへの対応として、入社1年目のみ帰国のための航空券代を負担する企業もある。このように、毎回の帰国費用の負担は難しかったとしても、外国人材の気持ちに寄り添い、できる範囲で対応することは可能なはずだ。それだけでも外国人材の満足度を上げることになり、また採用時のアピールポイントにもつながるだろう。

調査概要及び回答者プロフィール

調査名『第3回 日本で働く外国人材に関するアンケート』

対象者：現在日本に在住し、日本で就業中の外国人材

調査方法：インターネット調査（日本語と英語で調査）

調査時期：2023年6月23日～7月5日

有効回答数：171名

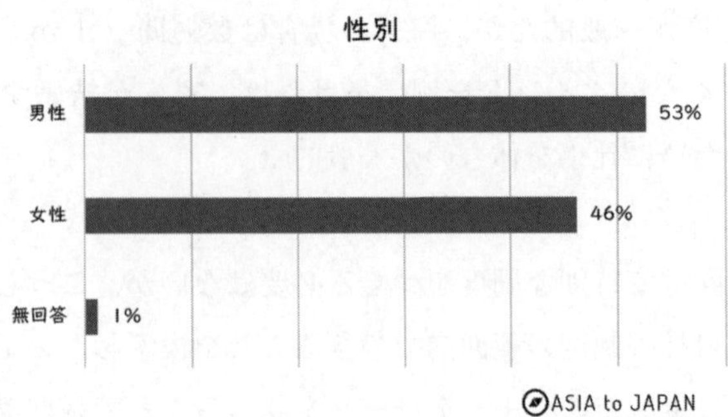
性別
男性
53%
女性
46%
無回答
1%
ASIA to JAPAN

年齢（歳）

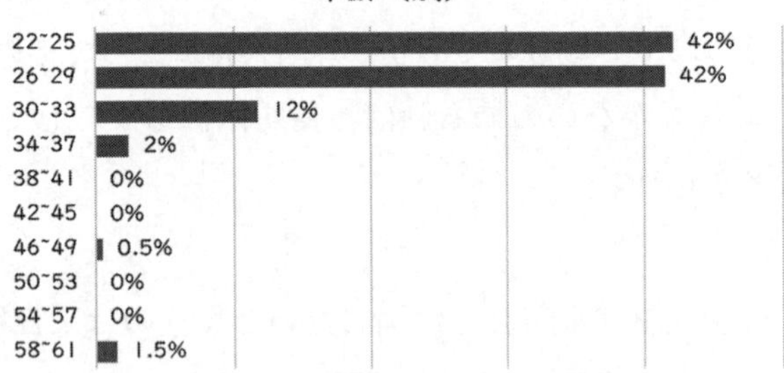
22~25 42%
26~29 42%
30~33 12%
34~37 2%
38~41 0%
42~45 0%
46~49 0.5%
50~53 0%
54~57 0%
58~61 1.5%
ASIA to JAPAN

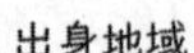
出身地域

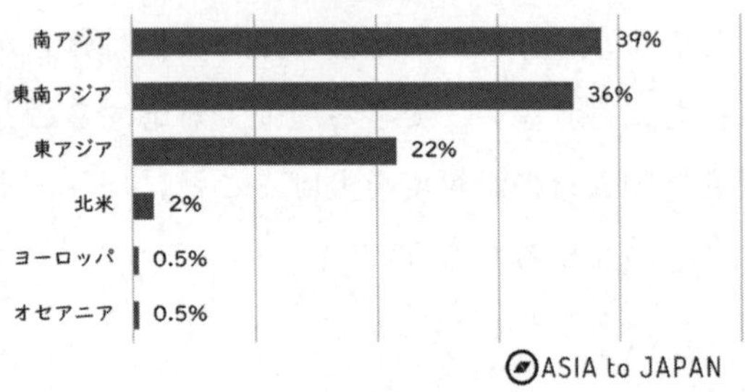
南アジア 39%
東南アジア 36%
東アジア 22%
北米 2%
ヨーロッパ 0.5%
オセアニア 0.5%
ASIA to JAPAN

現在の仕事

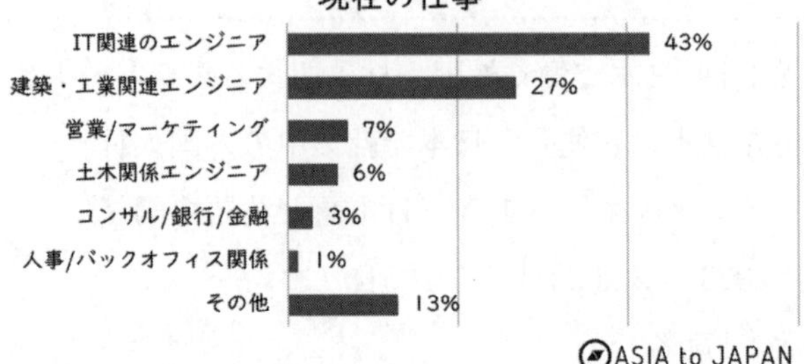
IT関連のエンジニア 43%
建築・工業関連エンジニア 27%
営業/マーケティング 7%
土木関係エンジニア 6%
コンサル/銀行/金融 3%
人事/バックオフィス関係 1%
その他 13%
ASIA to JAPAN

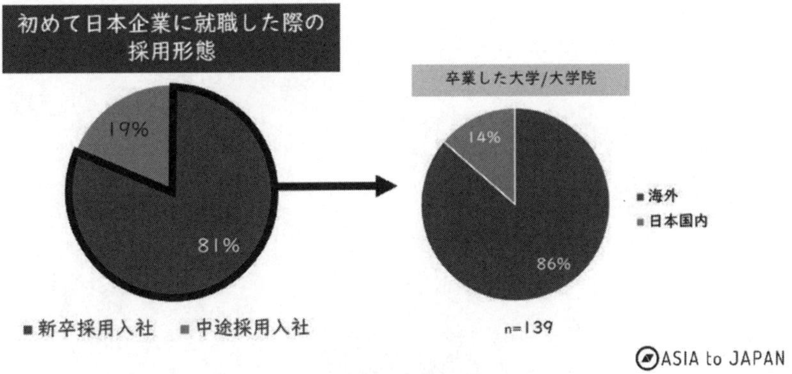

初めて日本企業に就職した際の採用形態
19%
81%
新卒採用入社
中途採用入社
卒業した大学/大学院
14%
86%
海外
日本国内
n=139
ASIA to JAPAN

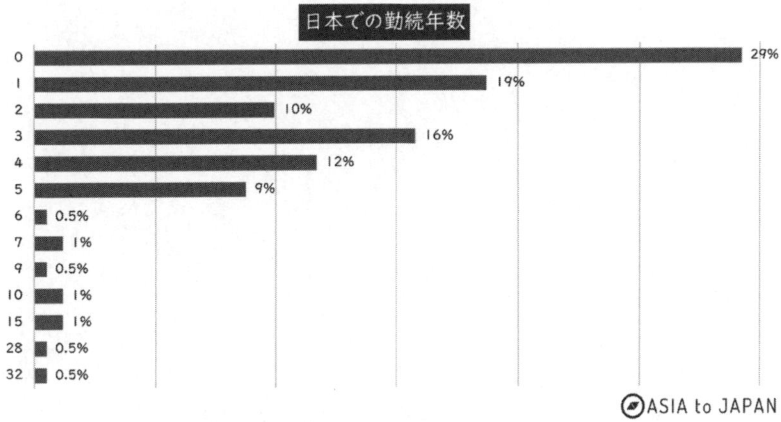

日本での勤続年数
0
29%
1
19%
2
10%
3
16%
4
12%
5
9%
6
0.5%
7
1%
9
0.5%
10
1%
15
1%
28
0.5%
32
0.5%
ASIA to JAPAN

現在の勤務環境
日本語のみの環境
チーム内であれば母国語で話せる人がいる
母国語で話せる環境
25%
45%
30%
ASIA to JAPAN

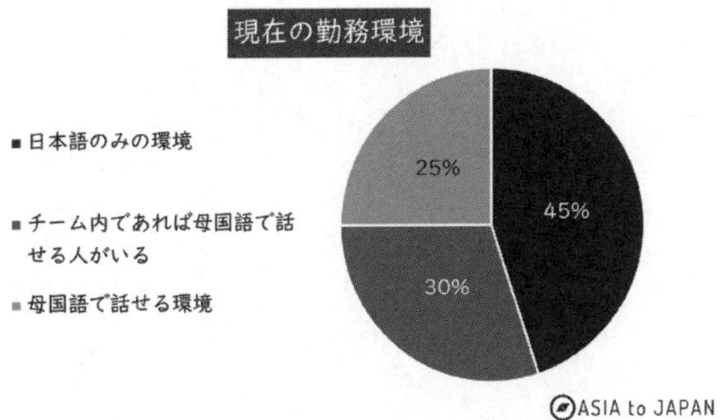

第７章

高度外国人材採用のケーススタディ

本章では海外から外国人材採用を行う７社の企業事例を紹介する。各社の経営層や人事担当者を中心に、外国人材採用を始めたきっかけ、採用から受け入れでの準備や工夫、苦労などに触れながら、外国人材を受け入れたことで生じた社内の変化や影響を聞いている。

7社の企業規模は様々だが、共通しているのは「まずはやってみよう」という前向きな気持ちと柔軟性であり、実際に外国人材採用を始め、受け入れる中で、時に失敗もしながら試行錯誤を重ねて、徐々にかたちをつくってきた点である。各社とも決して最初から万全な体制が整っていたわけではないことを強調したい。

第５章で「外国人材採用のポイントは無理をしないこと」とお伝えしたが、それぞれの会社に「無理をしない」の要素がある。ぜひその点を注目しながらご覧いただきたい。

掲載順は以下のとおりである。(取材は2023年６～7月にかけて実施)

- 三菱マヒンドラ農機株式会社
- 半田重工業株式会社
- 株式会社アイキューブドシステムズ
- 株式会社タチエス
- 株式会社ギブリー
- 日本特殊陶業株式会社
- 株式会社マネーフォワード

三菱マヒンドラ農機株式会社

会社情報

所 在 地　島根県松江市
社 員 数　1,408名
（連結従業員数／2023年4月期）
事業内容　農業機械製造販売事業ほか

取材対象者

執行役員 人事総務部長 行岡正恭氏
人事課長 柴田萠子氏

現在、外国人メンバーは何名いますか?

柴田：役員２名と従業員３名で、全員インドの方です。

行岡：当社は2015年10月にインドのマヒンドラ&マヒンドラ社と協業し、外資系総合農機メーカーとして新たに歩み始めました。CFO（最高財務責任者）はマヒンドラ&マヒンドラ社からの出向者ですし、島根オペレーションを統括しているCOO（最高執行責任者）も同社エンジン部門で最高責任者だった人です。

地元メディアの取材を受けるインド出身のシルパさん

2018年からの約３年間はマヒンドラ&マヒンドラ社と共同開発を行い、多い時は45人ほどのインド人技術者が当社所在地の松江市東出雲町に滞在していました。共同開発が一区切りついた2020年には帰国しましたが、その後も国内の別の企業で就労していた技術者の中には、当社でもう一度働きたいと入社された方もいます。

柴田：一方、マヒンドラ&マヒンドラ社とは関係なく、当社が独自に外国人材採用を始めたのはここ数年のことです。最初は国内の留学生をターゲットに採用活動をしていましたが、なかなかご縁がなく、2022年から海外在住の外国人材採用を始めました。

なぜ外国人材採用を始めたのでしょうか?

柴田：大きく二つの背景があります。まず一つは人材確保。今は国内採用の難易度が上がり、特に開発系の理系人材は引く手数多です。さらに、当社の場合は県外から島根に来ていただくハードルもあります。もう一つは企業風土の改革です。多様性を確保することで風土を変えていきたいという思いがあります。現状は島根の人材が多いですが、外国人材や女性、障がい者など、様々な人材が一緒に働くことで生まれるものは大きいですから。

行岡：多様な人材交流をきっかけにお互いの文化や意見の摩擦が生まれ、そこから新しいものが生まれていく。それが変革だと思っています。今後はもっとお互いが積極的に議論をする会社にしなければいけませんし、それはマヒンドラ&マヒンドラ社の期待でもあります。外国人材との交流は、その点でプラスに働くと思っています。外国人材を相手に「推して知るべし」という態度では成り立ちませんから。そうやって活発な議論が生まれ、会社の成長につながるような変革が起こせればと考えています。

外国人材採用はどのように行いましたか?

柴田： ASIA to JAPANの方と打ち合わせをし、マッチングをしていただきました。様々な国籍の方の書類とPR動画を10名以上拝見し、その中で最初にウェブ面接をし、採用したのが2023年4月に入社したシルパさんです。ぜひ採用したいと思い、シルパさんも入社の意思を示してくれたのでスムーズに採用が決まりました。

彼女はドラマや音楽をきっかけに日本への強い憧れを持っていて、コロナ禍でもインドの日本企業でインターンを経験するなど、ずっと日本で働く機会を窺っていたそうです。マヒンドラ&マヒンドラ社はインドの有名企業ですので、憧れの日本で働くにあたり、インド企業と関係がある会社で働けることへの安心感があったようです。また、インドは農業大国ですので、農機メーカーという点も魅力に映ったようです。

行岡： 面接は日本語で行いましたが、語学力が理由で本人の力が発揮できないのはもったいないので、「日本語で表現しきれないところは英語でいいですよ」と伝えていました。ところが、シルパさんは実によく日本語を勉強していましたね。「本当に日本に来たことないの？」という高いレベルの日本語力で、しかも独学というから驚きました。

正直、大学で行った実験自体は初歩的な内容でしたが、努力する姿勢を高く評価しましたね。微笑ましくも思いましたし、そこに技術本部長はじめ、選考に関わった当社の人間は好印象を抱きました。

柴田：趣味は歌と聞いたので「何か日本の曲を知っていますか？」と面接で聞いたら、菅田将暉さんの曲を一節歌ってくれました（笑）。そういう明るさや人懐っこさ、度胸みたいなところがとても良かったですね。

外国人材採用について、日本人採用と異なる点はありましたか？

柴田：採用の仕方については特に違いを感じませんでした。国内採用でもオンライン面接をしていますので、海外だからといって距離を感じることもなかったです。

行岡：選考で見るポイントの違いは、日本文化や日本語への順応力ですね。そこはどうしても気になります。その点、シルパさんは会話ができるレベルの日本語を独学で習得し、日本文化に対する興味や憧れも非常に強い。日本人以上に日本人らしいと感じるところもあるくらいですので、懸念はありませんでした。
それ以外の評価軸は日本人と同じです。新卒採用は入社後の教育を経て一人前になっていくので、本人の素直さや学ぶ姿勢が重要です。それによって教える側の熱の入り方も変わりますから。そういう意味でも、シルパさんは素晴らしかったですね。

外国人材の採用をするにあたり、早期離職を懸念する人もいます。その点はどのように考えていますか？

柴田：シルパさん自身は長く働きたい意思を示してくれていますが、何かしらの事情で本国に帰ることもあるかもしれませんし、離職の懸念はあると思っています。ただ、それは日本人であっても同じことです。世の中全体の入社３年以内の離職率は上がっていますし、１社で勤め上げるという考え方も薄れていますので、外国人材だから早く辞めてしまうということはないと思っています。

むしろ「この会社で長く働きたい」と思ってもらえる会社になる企業側の努力が必要です。仕事の面白さはもちろん、企業を選ぶ際に待遇はとても重要ですので、2023年４月には新卒社員の初任給を大幅に引き上げました。それが当社の魅力の一つになればと思いますし、そうやって選ばれる会社にしていきたいと考えています。

面接は日本語で行ったとのことですが、どのくらいの日本語力を求めていたのでしょうか?

柴田：社内で英語を話せる人は１割程度と少ないので、ある程度のコミュニケーションがとれるレベルの日本語力は求めていました。

行岡：個人的にはあいさつと自己紹介ができれば十分かなと思いますね。技術者には共通言語がありますし、技術本部のメンバーはインド人技術者と共同開発をしていたので、そのあたりは慣れてもいます。2015年にマヒンドラ&マヒンドラ社と協業を始めて以来、基本的な資料は全て日英表記ですし、日常的にウェブミーティングでインドとつながり、社内では英語が飛び交っています。そういう意味では、外国人材を受け入れる土壌はそれなりにあると思いますね。

外国人材採用を始めるにあたり、事前に準備したことはありますか?

柴田：特別なことはしていません。英語対応のパソコンを用意したくらいでしょうか。今回採用したのは１名ですので、引っ越しの手伝いや市内の案内、各種登録や銀行口座の開設など、生活準備は人事課が一緒に行いました。

振り返って、入社前にしておいてよかったことはありますか?

柴田：まずは日本語教育ですね。シルパさんには入社までの期間中、インドで日本語授業を受けていただきました。本人も熱心に勉強してくださり、おかげでより日本語力を向上させた状態で入社できたのではと思います。
あとは、入社前に何度か交流の機会を持ったこともよかったと思います。内定者のオンライン交流会を行ったことで、同期同士が「初めまして」ではなく「久しぶり」からコミュニケーションを始めることができました。同期はグループ会社を含めて６名います。シルパさん以外は全員日本人ですが、休日にバーベキューをしたり、同期の家に集まって遊んだり、とても仲良くしています。
他に、オンライン面談で何名かの社員とざっくばらんに話す機会も設けました。そこで疑問や不安を解消し、日本で働くイメージを持ってもらえたように思います。

入社前のオンライン面談ではどのような質問があったのでしょうか?

行岡：例えば「スーツを着た方がいいですか？」という質問がありました。彼女は日本の新入社員がスーツを着ることが多いと知っていたので、気になったのでしょうね。当社としては服装は何でもいいと思っていましたが、日本企業の慣習や同期に合わせてスーツを着ることで、会社に馴染もうと考えたのだと思います。

柴田：入社後もゴミの捨て方や洗濯物の干し方など、細かなことの質問もありました。それだけ気軽に質問ができる関係性をつくれたのかなと思いますね。

改めて、外国人材採用を行った感想を教えてください。

行岡：人材不足は日本が直面する大きな問題であり、日本企業は人材ポリシーをシフトせざるを得ない時期にあります。シルパさんは当社が方向転換をする良いきっかけになってくれたと思います。

柴田：地元の冊子やテレビでシルパさんのことを取り上げていただき、反響の大きさを感じています。それによって社内のメンバーのワクワク感も醸成されたように感じています。今やこの地域でシルパさんはちょっとした有名人です（笑）。

行岡：事業を成長させるのはもちろんですが、同時にこの地域の産業を振興させることも考えなければと思っています。当社は1914年の創業以来、島根で事業を行ってきましたが、島根県は全国で２番目に人口が少なく、人口の30％以上が65歳以上。

だからこそ地域全体で人を呼び込み、産業を盛り上げることを考える必要がありますが、外国人材採用はその手段の一つにもなり得ます。これは大都市圏との大きな違いですが、地方都市は規模が小さい分、自治体との距離が近いので、当社の外国人材採用が地域課題への取り組みを進める第一歩になればという思いもありますね。
というのも、インドとの共同開発がいち段落し、インド人技術者が帰国した際、地域の方から「インドの皆さんはどこに行ったんですか？」と声をかけられたことがありました。実は我々の知らないところで町の皆さんが交流イベントを行ったり、インド人が講師になって日本人向けの英語教室をしたりといった動きがあったようなのです。
もちろんインド人がたくさん来たことで摩擦もあったとは思いますが、人口減が深刻な地域ですから人が入ってきてくれること自体をプラスに感じる人も多く、「また来ないのですか？」とおっしゃる方もいました。町の活性化という意味での外国人材採用の可能性を感じました。

柴田：地方だからこそできる外国人材採用もあるのだと思います。地域の魅力を発信することが動機付けにつながることもあるでしょうし、地方だからと引け目に感じることはないのではないでしょうか。

最後に、今後の目標や展望を教えてください。

行岡：今後も外国人材採用は積極的に行いたいと思っています。特に新卒は幹部候補として採用していますので、そもそも優秀な人を採用しなければいけません。現状、外国人社員は全員インド人ですが、優秀さに国籍は関係ありませんから、これからは様々な国から採用をしたいと考えています。

半田重工業株式会社

会社情報

所 在 地　愛知県半田市
社 員 数　275名（2023年7月時点）
事業内容　フォークリフト部品及び油圧シリンダーの部品・製品の設計・製作、画像検査装置の開発など

取材対象者

代表取締役社長 新美彰崇氏
管理本部　総務部 総務経理室 藤本恵氏

外国人材採用を始めた経緯を教えてください。

新美： 以前から現場ではベトナム人やブラジル人、スリランカ人、中国人など、多種多様な人材が働いていましたが、高度外国人材を採用するようになったのは最近のことです。

そもそも当社が採用に力を入れ始めたのが2016年。現場で働く人だけでなく、幹部として会社を引っ張っていく人も足りない中、従業員の高齢化も進み、定年を迎える人が増えたことで人材不足が深刻な状況でした。

半数が外国籍社員の事業開発室で働くインドネシア出身の社員（右）

また、当社の売上の90%が豊田自動織機からの受注であり、自分たちでビジネスをつくりたい想いがありました。そこで技術部に所属していた中国籍社員を大学に派遣し、私と一緒に新規事業をつくる中で形になったのが画像検査装置です。部品の検品・検査を自動化するもので、プロトタイプを作ったところ、お客さまのニーズがあることも分かりました。

そこで画像検査装置の製品化を進めるべく、勢いを持ってガンガン手を動かせる高スキルな若手技術者を求めて中途採用を始めたのですが、思うように採用ができず、2021年より新卒採用でも理系の高度外国人材に目を向けるようになりました。今では社員の約20％が外国人材です。

外国人材と日本人で、新卒採用の選考や評価軸に違いはありますか?

新美：外国人材の方が、自分のしたいことが明確な方が多いように感じています。面接では本人の専攻やキャリアプランを確認し、本人の希望と入社後の配属に差異が生じないよう心掛けていますね。

外国人材といっても、当社で長く働きたい人もいれば、数年経験を積んだら母国に戻って起業したい人、日本での転職を視野に入れている人など、様々です。数年で辞めてしまうと困る職種もありますが、基本的には数年間貢献してもらえれば問題ないと考えていますので、本人の志向やキャリアプランに合わせて任せる業務を明確化することが重要だと思います。

最近では日本人でも若手離職率が高まっていますし、日本人でも数年で辞める可能性を織り込んで採用しています。そういう意味では、日本人の若手採用と考え方は大きく変わらないと思いますね。

ただ、画像検査装置のエンジニアとして採用した人材に関しては、結果的に外国人材の方が長く働いてくれています。

私の印象ですが、外国人材のほとんどがインターンシップを経験しており、「企業は成果ありき」という考え方が根付いているように感じます。選考の時点でも実績やインターンシップ経験など、レジュメにアピールポイントが明記されている。根本的に「成果を上げて、その成果に見合った待遇を獲得する」という発想があるように思いますし、ある程度現実を理解した上で入社しているような気がします。

一方、日本人の場合は、学生と社会人でギャップが大きいように思います。大学では興味のある技術を好きなように学べますが、仕事では納期や品質、お客様とのやり取りなどが発生しますし、当然成果を求められます。そこにプレッシャーを感じてしまい、退職につながるケースが見られますね。

日本語力はどれくらい重視していますか?

新美：日常会話でコミュニケーションできる程度のレベルをイメージしています。N3レベルであれば十分、という感じで見ていますね。

日本に留学している人の中には、授業も日常会話も全て英語で、日本語をほぼ使えない人がいますが、それでは技術用語や文化的背景を理解するのが難しく、入社後に本人が孤立してしまうこともあります。何より日本語を勉強するのは「日本で長く働く」意思の表れだと思っているので、そういう観点でも重視していますね。

藤本：今年入社したインド人の従業員に、入社までの3～4か月間で日本語の勉強をしてもらったところ、見違えるほど上手になりました。

新入社員の教育プログラムに就業規則を皆で音読する時間があるのですが、「皆がするなら私もします」と、つまりながらも読んでくれました。日本人より彼女の方が漢字を正しく読めていたくらいです。本当に熱心に日本語の勉強をしてくれたのだと感じました。採用時の日本語レベルよりも、努力できる姿勢やポテンシャルが重要だと思いますね。

新美： 入社後はオンラインの日本語レッスンを受けてもらいながら、日本語と英語が堪能な人を介して話したり、グーグル翻訳を利用したりしています。小さなコミュニケーションエラーが起きることはあっても、大きく問題になったことはないですね。社内で英語が使える人間は５％ぐらいですが、エンジニアリングは世界共通であり、行間を読むようなこともないので成り立っていると思います。誰がしても結果が同じになるような仕事じゃないと、コミュニケーションミスや文化の違いの問題が生じてしまいますから。

外国人材の受け入れにあたり、気を付けていることはありますか?

藤本： 日本の生活に慣れるまでの数年間は、衣食住のサポートをきちんとするのが重要だと思います。ムスリムの方に向けてハラルフードを買えるお店の地図を作るなど、日本の生活にいち早く慣れてもらうよう意識しています。
特に住まいは会社が保証しなければ入居することができません。当社で採用した外国人材は会社から自転車で15分ぐらいのところに住んでいますが、最初に採用したインド人社員が住んでいるアパートの隣部屋がたまたま空いていたので、次に入ってきた２人のインド人もそこに入居し、三姉妹のような感じで仲良く暮らしています。朝も一緒に出勤していますね。
どうやら最初に採用したインド人の従業員が後輩の２人と入社前からLinkedIn（リンクトイン）でつながり、日本の生活についてアドバイスをしてくれていたようです。おかげで後輩の２人はスムーズに生活を軌道に乗せられたように思います。

新美：同じ国の出身者を複数人採用することは意識していますね。1人だけだと孤立しやすいですが、複数人いれば支え合えますから。他に日本語が苦手な人の周りには英語が得意な人を置くなど、外国人社員が助けを求められる環境を整備するよう心掛けています。
また、当社では適性検査を重視しています。もちろん文化的な違いはあるものの「こういう性格の人なんだな」と分かれば、一個人として相手への理解を深められます。外国人だからと特別に見るのではなく、あくまで「人それぞれ違う」を前提にする。性格の違いと文化や言語の違いを同じファクターとして捉えるイメージです。
こうして国籍を意識する必要がなくなれば、あとは言葉の問題だけです。だいぶハードルは下がりますし、日本人採用とそれほど違いはないと思いますね。

藤本：当然のことですが、改めて人間性に国籍は関係ないと私自身実感しています。当社の外国人社員は皆性格が良く、新卒で入った外国籍社員は部署でとてもかわいがられています。彼らは成果にこだわって一生懸命仕事をしていますから、周囲はなおさら面倒を見てあげたい気持ちになるのでしょうね。始めは様子見だった社員も打ち解けてきているように感じます。

今後ついて、課題に感じていることはありますか?

新美：長く働いてもらうために何をすべきか、考えていきたいと思っています。というのも、外国人材には40歳の壁があるように感じています。30代後半から40歳にかけて、親の介護などの事情で母国に帰ることを考えるタイミングが訪れますから。

日本で長く働いてもらうために必要なものの一つが、各国のコミュニティだと思います。先日退職したイラン人社員は「日本で転職して数年したら、イラン人コミュニティがあるカナダに移住する」と言っていました。もし日本にイラン人コミュニティがあれば、違うキャリアプランを描いていたのかもしれません。

今後、仮にインド人を毎年５人採用していけば、当社内にインド人コミュニティができるでしょう。理想をいえば近隣の会社も巻き込んで地域全体でコミュニティをつくれれば、さらにインド人が来やすくなる循環を生み出せます。

当社がそうだったように人手不足で困っている企業は多いと思いますが、海外から外国人材を採用するという選択肢は、知らなければなかなか持てません。だからこそ外国人材の採用という手段があることをまずは広めたいです。

貴社で外国人材採用がうまくいっている理由は何だと思いますか?

藤本：採用担当の視点から見て、理由は二つあると思います。一つは、外国人材採用を許可してくれた社長の柔軟性。普段から「まずやってみて、ダメなら軌道修正すればいい」というスタンスであり、理系の日本人学生の新卒採用に苦戦していたとき、「日本人の人口は減っているから仕方ない。目的は優秀な人の採用だから、日本人にこだわらず世界中から優秀な人を連れてきてほしい」と社長から言われたことで外国人材の新卒採用はスタートしています。トップのコミットが追い風になるのは間違いありません。

新美：技術がある人であれば国籍は関係ないのではないか、という疑問は昔からありました。僕は日本人と外国人の区別があまりピンとこないタイプで、明確な差がよく分からないのです。結局機会がありませんでしたが、若い頃は海外留学をしたい気持ちもあったので、外国人材と働いてみたいという個人的な好奇心もありましたね。

藤本：うまくいっているもう一つの理由は、入社してくれた外国人材の人柄です。私は彼らと一緒に買い物に行くなど会社外でも接点があるのですが、「良くしてくれてありがとうございます」という言葉が自然に出てきます。生活のフォローは仕事の一環ではあるものの、彼らに早く日本に馴染んでほしいという個人的な想いも強くなります。そういう性格の良さは万国共通であり、改めて人柄が重要だと実感していますね。

改めて、外国人材を採用する良さはどのようなところにあると思いますか?

新美：外国人材は「この仕事を日本でしたい」という意思を持ち、そのためのスキルを備えた人材です。そこは信頼に値すると思います。
今は自分一人で完結するような仕事をしてもらっていますが、この先はチームマネジメントができるような外国人材を増やしていきたいですね。そのためにも長く働いてもらうためにすべきことを考えていきたいです。
また、近年当社では成果給を取り入れました。従来の業務はチーム仕事であり、個人ごとの成果に差がつかないので一律待遇でしたが、新規ビジネスの画像検査装置は本人の頑張り次第で如実に差が出るため成果給を取り入れました。結果的に今後、外国人材を受け入れる上でもプラスに働きそうだと感じています。

画像検査装置は技術的には確立できたものの、マンパワー不足で売上が伴っておらず、利益を上げる意味では今はまだ4合目ぐらいです。まだまだこれから入る人たちが活躍できる余地は十分ありますから、引き続き優秀な外国人材採用を続けていきたいですね。

株式会社アイキューブドシステムズ

会社情報

所在地　福岡県福岡市
社員数　110人（2022年12月時点）
事業内容　モバイル端末管理ソフトウェアサービスの開発・提供など

取材対象者

執行役員 コーポレート・コミュニケーション室室長 山田泰裕氏

いつから外国人材を採用していますか?

約15年前にアルバイトとしてたまたま中国人の方が入社したのが最初だったと思いますが、積極的に始めたのは約５年前です。国内のDXブームなどによって採用競争が激化し、従来どおりの採用活動ではエンジニアの採用が難しくなってきたことと、事業の競争性を高めるために多様性のある組織を目指す重要性を感じていたため、積極的に外国人材を採用し始めました。

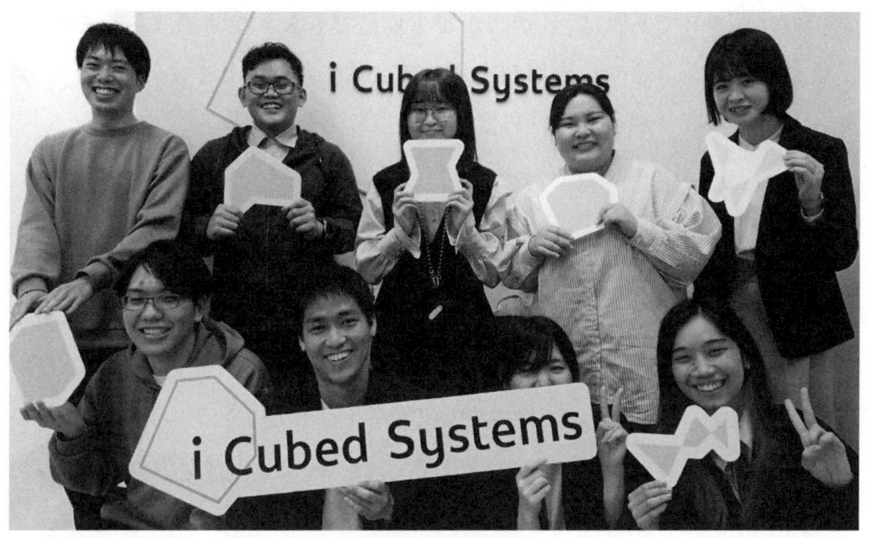

2023年度の新卒新入社員

貴社では2023年卒から新卒採用を始めています。新卒採用でも外国人材を積極的に採用しているのでしょうか?

国籍問わず募集はしていますが、初年度は特に意識していませんでした。コロナ禍で新卒採用を抑える企業が多かったこともあり、優秀な日本の学生からの応募が思った以上にあったのです。

ただ、2年目以降は新卒採用を再開する企業が増えたことで、特にエンジニアの採用が思うようにいかなくなって、困っていた時に社員から紹介してもらったのがASIA to JAPANでした。日本語が話せる新卒の外国人材を紹介いただけると聞き、それであれば何の問題もないだろうと。

外国人材の採用をするにあたり、日本語力はどの程度求めていますか?

基本的には最低N3を基準とし、実際の会話力を面接で確認しています。エンジニアであれば、日本語が多少片言でも大きな問題はありません。プログラミング言語や技術用語を用いて会話すれば通じやすいですし、テキストのやり取りが多く、社外とのやり取りも少ないからです。

日本語力以外に、日本人と外国人材で選考基準や評価軸に違いはありますか?

動機の部分は少し異なりますね。外国人材の場合、当社で働きたい理由はあまり見ず、「なぜ日本で働きたいのか」「日本でエンジニアとしてどのようなキャリアを積みたいのか」を聞き、「その機会を当社が提供できるか」という視点を重視して判断しています。

一方で、日本の学生を選考する場合は「なぜ当社なのか」を最も重視しますが、この違いは選択肢の量が違うからです。日本人が日本で就職先を選ぶときには多数の選択肢があるので、「あえてこの会社を選ぶ理由」が相性を見極める上で重要になります。一方の外国人材は日本における就業先の選択肢が限られますし、当社のことを調べようにも日本語の資料しかなく、分からないことも多いでしょう。

あとは、外国人材の場合は「就職先が福岡で大丈夫か」も確認します。外国人でも知っている「東京」や「京都」のような都市ではないので。ただ、福岡は交通の利便性が高いですし、外国人コミュニティもあるので、暮らしやすいとは思いますけどね。

日本人と外国人材を比較した時に、何か特徴や傾向の違いを感じることはありますか?

三つあります。一つ目は、キャリア意識の強さです。「日本に来て仕事をする外国人材」の特徴だと思いますが、自分のキャリア構築を中長期の目線でしっかり考えている人が多く、また競争意識も強い印象があります。

特に当社の外国人材は、母国のトップ層にあたる大学出身者が多く、業務でうまくいかないことがあると、人一倍勉強して乗り越えるので、その姿を見て他のメンバーも刺激を受けて頑張る。そんな良い相乗効果が生まれています。

二つ目は、実践経験があることです。当社で働く新卒の外国人材のほとんどが大学在学中や卒業後にインターンを当然のようにしています。日本人の場合は社会に出て初めて実務経験を積むことが多く、「実際に入社してみたら開発業務が合わなかった」なんてことが起こるリスクが低くありません。インターンで実務を経験している場合は、その業務を中心としたキャリアを築くことに自信を持てているので、この心配があまりないように思います。

三つ目は自己アピールの仕方です。日本人は、知識や経歴を控えめにアピールする方が多い印象ですが、外国人材は、積極的にアピールする方が多いように感じています。例えば、エンジニアが「フルスタックエンジニア」とレジュメに書く場合、日本人だと、フロントエンド開発からバックエンド開発、サーバーの構築や運用などの色々な領域に高い知見と経験を有さないと書かないことが多いのですが、外国人材は、少し経験しただけでも「フルスタックエンジニア」と書いているケースが珍しくありません。外国人材採用を始めた当初は、文字どおりに受け取ってしまってギャップが生じることもあったので、書面を見てなんとなく分かったつもりになるのではなく、面接などでスキルのレベル感をしっかり確認しておく必要があると感じます。

新卒と中途で、外国人材の採用に違いはありますか?

中途の場合は、当社に入社する前から日本に住んでいる方を採用してきました。既に日本での生活基盤がありますから、日本人と同じように扱い、外国人材だからといって特別なことはしていません。

一方で新卒の場合は、海外在住者も含めて採用しているので、そういった方に対しては、日本での生活を始めるためのサポートをしています。日本人でも、就職後に東京から福岡に生活の拠点を変えて新生活を始める際は不安に思うのに、これが海外からとなればなおさらですから。

入社をきっかけに来日したメンバーの一部は、ホームシックになったこともあったようです。我々も新卒で海外在住の外国人材を採用するのが初めてで、ケアしきれなかったという反省があります。生活を始める際の最初の部分を可能な限りサポートし、その後は他の日本人と同じようにしていたのですが、あとから聞いたら何をするにしても方法が分からない状態がしばらく続いていたようです。

幸い同期と仲が良く、プライベートで遊ぶことも多いと聞いていますし、配属先のメンバーには外国人材がそれなりにいることもあり、ウェルカムな雰囲気です。外国人材ならではの悩みや困り事もある程度分かっていますので、そこは安心感がありますね。

会社に馴染んでもらうための工夫としては、リアルでの関わりの少なさをカバーするためのレクリエーションを２～3か月に１回、人事で企画しています。ただ、当社はリモートワークがメインで現在は週１の出社が基本ですので、外国人材に向けて行っているイベントではありません。加えて、忘年会などジャパニーズトラディショナルを体験する機会もありますので、外国出身のメンバーにとっては新鮮かもしれません（笑）

2022年、2023年とそれぞれ２名、合計４名の外国人材が新卒社員として入社しました。仕事ぶりはいかがでしょうか？

想像以上に優秀です。海外の教育は日本より実践的な印象で、インターンなどで実務経験も積んでいるので、キャッチアップが早いです。実務経験がある分、新卒新入社員向けの研修を嫌がられるかと思ったのですが、真面目に取り組んでくれて、良い意味で驚きました。

例えば、社員総会のサポートメンバーを公募したら、当時新卒1年目の外国籍のメンバーが手を上げてくれました。「社内横断のプロジェクトにはできるだけ参加したい」と言っていて、素晴らしい積極性ですよね。

きっと本人たちには困り事がいろいろあるのだと思いますが、我々からすると大変だったことは今のところほとんどありません。日本語も上手ですし、むしろ「山田さんは何で英語を話さないんですか？当社はもっと英語を使った方がいいと思います」と指摘され、耳が痛かったくらいです。

外国人材に求める日本語能力の基準を緩和できれば採用の幅が広がりますし、今後日本だけで多くのソフトウェアエンジニアを採用するのはさらに厳しくなるでしょうから、将来的には日本語能力が高くない人も採用できるようにしなければという危機感があります。現在は会社でのTOEIC受験をサポートするなどして、英語学習の機運を高めようとしているところですね。

外国人材採用をするにあたり、早期退職を懸念する企業の声もあります。その点はどう考えていますか?

当社は幸いにも、21卒から23卒に至るまで、離職した新卒社員が一人もいないのですが、今は日本人でも新卒入社後３～5年で転職することは一般的ですので、外国人材だから早期退職を懸念するというのはないです。もちろん長く当社で活躍してほしいとは思いますが、いずれ卒業していくことは覚悟しています。

大前提として、辞めてしまうのは悲しいですし、長く一緒に働きたい思いはありますが、エンジニアは国籍関係なく流動性が高まっています。ですから「仕方がないよね」というスタンスで受け入れつつ、退職後の良い関係性を築くことを考えたいですね。ずっといてくれる期待を勝手にして、退職したときに裏切られた気持ちになり、お互いに徒労感だけ残る、みたいな状況だけは避けたいと思っています。

当社の社長もよく言っていますが、「当社を卒業した外国出身のメンバーが母国で会社をつくり、そこで一緒に仕事ができるような関係を築けることが一つの理想」だと思っています。他にも当社で海外子会社をつくったり、海外進出したりする際に一緒にできるといいですね。現地の文化をよく知る人にアドバンテージがありますから、外国人材採用の先にそういう事例が出てくることを期待しています。

外国人材の新卒採用はハードルが高いと感じる企業も多いです。実際にしてみてどうでしたか?

思った以上に低かったです。これほど日本語が話せる人がいるとは思わなかったですね。ハードルの高さを感じる企業の多くが言語の壁を懸念していると思いますが、1～2人の採用なら、ある程度日本語を話せる方に絞って採用すれば何の問題もないのではないでしょうか。

また、先日採用が決定した外国籍の学生は、大学の先輩が当社に新卒で入社して働いており、その社員から「良い会社だよ」と聞いていたようで、面接の時点で「この会社で働きたいです」と積極的でした。こういった循環ができるのも良い点だと思います。

そして何より外国人材の採用活動は通常の採用活動と違う楽しさがあります。採用活動でも、一緒に働く中でも、当たり前と思っていることを見直すきっかけがたくさんあります。なあなあになってしまっている部分に対して、「なぜ？」と問いかけられることで発見がある。そうして様々な人と関わり、仕事に生かすのは面白いですから、尻込みする理由はないと思います。

当社としては、これからいろいろなバックボーンや個性を持つ人材をもっと増やしたいと考えています。現在、社会的にソフトウェア開発現場の最も大きな課題の一つは人材確保ですから、外国人材や女性など、多様な人がいることが魅力かつ安心材料になり、多くの人が「この会社には自分が自分らしく働ける環境がある」と思えることにつながると思っています。

事業競争力を保ち、さらに向上させるには、外国人材の積極的な採用と活躍などによる人材の多様化は必須です。当社で働く外国籍のメンバーの出身地はアジアが中心ですが、ヨーロッパや南米など、今後はいろいろな国の人と一緒に働き、さらに多様な考え方を取り入れていきたいですね。

株式会社タチエス

会社情報

所 在 地　東京都青梅市
社 員 数　単体1,200名、連結10,556名
（2023年3月31日現在）
事業内容　自動車シートなどの開発・製造・販売

取材対象者

人財開発促進部人財企画課
課長 奥村 徹氏
主任 後藤彰臣氏
吉岡 あずみ氏

外国人材採用を始めた背景を教えてください。

後藤：国内の技術系学生の採用が厳しくなったことが最初のきっかけでした。それまでも、就活サイト経由で応募いただいた留学生を数年に１名採用することはありましたが、本格的に外国人材を採用し始めたのは2020年からになります。日本人の技術系学生からの応募が減る中で、優秀な技術系学生を確保する手立てはないかと検討した結果、外国人材の採用を行うことになりました。

とはいえ、海外在住の外国人材を採用するのは初めてです。受け入れ経験がない中で大丈夫なのか、ビザなどの手続はどうなのか、採用した外国人材は日本の生活に慣れてくれるのか。様々な面で手探り状態であり不安も大きかったですが、当社が求める優秀な人材を採用するのであれば、手間や労力はかけなければいけません。受け入れの手続は別の課と協力してそちらにお願いするなど、人事部門内での連携を意識してスタートしました。
もともと当社は世界中でビジネスを展開していますし、日本語が拙い海外事業所の社員が日本本社に出向することも多々あるので、外国人材採用にチャレンジすることへの後ろ向きな雰囲気はなかったと思います。

奥村：当時はグローバル人財開発部を立ち上げ、グローバルを含めたグループ内人事の交流を進めていた時期とも重なっていましたので、そういう追い風もありましたね。

実際に採用を行ってみて、選考の仕方に違いはありましたか?

後藤：選考の段階で明確な違いはありませんでした。選考基準や質問項目を変えることはなく、相手の日本語レベルに合わせて丁寧に話したり、面接時間を長めに取ったりといった調整をしたくらいです。
結局は人対人なので、人柄が会社とマッチしていれば入社後にハレーションが起きることは少ないだろうと思いましたし、実際にそういったことはなかったですね。

新入社員研修でグループワークに励むインド人社員と日本人社員

日本語に関してはどの程度のレベルを求めていますか?

後藤： N２以上を基準にしていましたが、面接でコミュニケーションがとれていれば問題ないと考えています。こちらの質問の意図を捉えて回答する力さえあれば入社後にレベルアップできますので、選考時点ではそこまで高い日本語力は求めていないですね。

受け入れにあたり準備したことはありますか?

後藤： 特別なことはしていませんが、銀行口座の開設や病院の行き方、買い物の仕方など、生活基盤を整える部分は付き添いをしながら丁寧に行いました。住居も会社の寮を用意しています。
ただ、受け入れは手間がかかりますので特に最初は大変でしたね。４月入社に向けて３月に来日していただいたのですが、人事として忙しい時期でもあるので、通常業務と受け入れ対応が重なってしまい、業務のバランスがとれないことがありました。

現在は入国時期を早めて余裕を持たせたり、受け入れの人員体制を強化したりと、前年度に困ったことを地道に改善しています。

奥村：あとは、入社前に同じ出身国の既存社員と内定者をLINEでつないだのは効果的でしたね。

後藤：そうですね。同じ国の先輩・後輩であれば質問もしやすいですし、困るポイントも似ています。先輩が困ったことを後輩にアドバイスしてあげたり、後輩が不安なことを先輩に気軽に質問したりできた点はよかったですね。

吉岡：新入社員は４か月ほど同期と一緒に研修を受けます。そこで外国人材の先輩だけでなく、日本人の同期とのつながりをつくれたのもよかったのかなと思います。

受け入れ部署や社内に対して、事前に行ったことはありますか?

後藤：当社では職種別採用を行っているので、採用予定の職種に関しては事前に役員や部長クラスの者に、外国人材でも問題ないか確認していました。その上で、外国人材が働いている部署に配属するようにして、丁寧に調整を行いました。

当社の場合、管理職クラスですと過去に海外赴任や海外出張を経験した者も多いので、外国人材を受け入れることに抵抗がある人は比較的少ないと思います。

外国人材採用を始めて４年目になりますが、これから新たに取り組もうとしていることはありますか?

後藤：現在は正社員の外国人材が30名ほど在籍しており、人数が増えてきたので、宗教上の配慮をしていく必要があると思っています。
実は昨年の入社式では、新入社員に用意したお弁当に豚肉が入っていて、マレーシア出身のムスリムの人がお弁当を食べられなかったことがありました。配慮不足だったと反省しています。
来年もインドネシア出身のムスリムの人が入社する予定ですので、プレイヤールームなども、今後検討していきたいと考えています。

吉岡：現状、ムスリムの外国人材は業務の合間にお祈りをしているようですが、業務の都合で時間がとれないときは、帰宅後に長めにお祈りの時間を設けるなどの対応をしているようです。当社に合わせて柔軟に対応してくれていますね。

後藤：受容的で柔らかい雰囲気の人を採用していることもあって、外国人社員の皆さんにはうまく順応していただいているなと思います。その分負担をかけてしまっている面はあるので、そういう意味でも会社としてもう少し環境面での整備を進めていきたいですね。これまで面接時に宗教上の要望の確認はしていなかったのですが、今後は面接の時点で確認し、それに応じた準備をする意識を持たなければと思います。

奥村：外国人社員の中には、きっと環境の変化に困惑をしている人もいると思います。そういった不安や会社での悩みをどこに吐き出しているのか、心配はありますね。より良い環境をつくり、定着率を上げるためにも、会社とは別に外部のサポートも必要なのかもしれないと感じています。
総じて、外国人材採用自体のハードルはそれほど高くないですが、当社が外国人材の期待に応えられる会社なのか、という思いは常にあります。意を決して日本に来ていただくので、「こんなはずではなかった」と思われないように努力しなければいけませんね。

振り返って、外国人材採用のポイントは何だと思いますか?

後藤：配属だと思います。外国人材は目的意識が高い人が多く、「こういう勉強をしてきたから、こういう仕事をしたい」という意思を明確に持っている傾向にあります。面接でその点を丁寧に聞き、希望を汲み取った配属をするのが非常に重要だと感じます。
当社は職種別採用なので希望の職種で社会人生活をスタートできますが、それでも配属で失敗してしまったことがあります。似た系統の部署が二つあり、人事が考えた配属と本人の希望が異なり、「確かにそちらの部署でもスキルは生かせるけど、よりマッチしているのはもう一つの部署だ」という本人からの指摘により、再検討して配属部署を変更しました。
日本企業は総合職採用が多いので、配属によってはやる気を損ねてしまったり、早期離職につながってしまったりといった事態になりやすいかもしれません。当社ではそれを逆手に取り、「配属先は内定の段階で決定するので、あなたがやりたい仕事をお約束できます」と説明会や選考時に伝えています。実際、本人の希望職種を内定時に提示したことで、大手企業を辞退して当社に決めてくれた事例もあります。そのくらい、配属は重要だと思います。

外国人材採用を始めて、社内にはどのような変化がありましたか?

後藤：外国人社員は前向きにチャレンジする人が多いので、一緒に働く日本人社員に良い影響を与えてくれていると思います。

奥村：外国人社員とのコミュニケーションは、言語や文化の違いを背景に阿吽の呼吸では伝わらないことも多いですから、どう伝えるか、考える力が備わりつつあるのも感じます。

後藤：ダイバーシティの観点だと、様々なバックグラウンドの方が入ってくることによって、「こんな見方があるのか」「そういう配慮が必要なのか」といった発見が多くあります。自動車業界は変化が激しく、この先事業や組織が大きく変わる可能性もありますので、いろいろな考えを持った人と日常的に接し、交渉したり調整したりといった経験を多くの社員が積むほど、変化に柔軟に対応できる組織になっていくのではと思います。

あとは、日本人採用以上に優秀な人材を採用できていますね。当社の場合、国内採用では中堅大学の出身者を採用するケースが多いですが、外国人材や留学生の採用では、その国の上位大学で、かつ専門性と英語力を兼ね備えている人材と出会えています。それは大きなメリットです。

また、外国人社員が増えていくことで、社員の横のつながりからの採用も期待できると思います。前向きに働いている外国人社員が「うちの会社は働きやすいし、活躍できるよ」と言ってくれることは、人事が説明するよりも説得力がありますし、実際に昨年採用に至ったケースでは、当社の先輩社員からタチエスの話を聞き、数社の中から当社を選んでくれた人もいました。

先日、外国人留学生の採用に特化した合同企業説明会に出展し、入社２年目のインド人技術系社員に協力をしてもらいました。その場に先輩社員がいれば学生から気軽に質問をしていただけますし、どういう活躍ができるのかを直接伝えられるので、候補者の安心につながったと感じます。

吉岡：外国人社員の存在は、国内の新卒採用にもプラスになると思います。当社はグローバルでビジネスを行っていることもあり、海外に興味がある学生からの応募が多いので、外国人材の採用実績は魅力的に映るのではないかと思います。私個人としてもグローバルに事業を展開していることが当社を志望した理由の一つなので、同期に外国人材がいるのはうれしかったです。

改めて、外国人材を採用するメリットは何だと思いますか?

後藤：少子高齢化が進み、日本人だけでビジネスを展開するのが難しい世の中が到来することを考えれば、グローバルな視点で自社にマッチする優秀な人材を探し、獲得できる体制を整えるのは重要です。
その手段の一つが海外大生や日本に来ている留学生の積極採用です。5～10年後には外国人材採用をするのは当たり前になると思うので、今のうちから取り組みを強化することにより、会社の更なる発展に貢献したいと考えています。

奥村：当社は自動車産業の一角を担っていますが、今後を考えれば自動車以外のビジネスにも積極的にチャレンジしていかなければいけません。その時にイノベーションを起こすには、バックグラウンドの異なる人の新たな発想が必要です。その意味でも外国人材を積極的に採用したいですし、新たな市場に挑戦する際にも彼ら・彼女らの力を借り、後押ししてもらうことを期待しています。

株式会社ギブリー

会社情報

所在地　東京都渋谷区
社員数　160名（グループ全体／契約社員、アルバイトを含む　※2023年4月現在）
事業内容　HRテック事業、マーケティングDX事業、オペレーションDX事業

取材対象者

執行役員　山根 淳平氏

いつから外国人材採用をしていますか？

一人目の外国人材が入社してくれたのは、2014年でした。

当時の従業員は50名程度でしたが、会社の事業がうまくいかず、重要ポジションのエンジニアの退職もあり、改めて組織をつくり直さざるを得ない状況でした。そんな時、たまたまカナダから日本に来ていた方がエントリーしてくれて採用をした事が始まりです。当時から、グローバルでプロダクトをつくりたいと思っていたため、規模が小さいうちから外国人材を入れた組織をつくった方がいいと考えました。日本語が話せなくとも、採用をしようと意思決定したのを覚えています。その時は、「外国籍の人材採用を始めよう」と開始したわけではなく、たまたま求めている人材要件に合う方が外国人材だったというだけでした。

そこからは、日本語力を問わずに優秀なエンジニアを採用し始め、現在HRテック事業では、エンジニアリングマネジャーも含め外国人材が務めるようになりました。そのため、エンジニア採用自体も全て彼らに任せています。

現在は、国籍もバラバラで、アメリカ、ブラジル、フランス、インド、ロシア、オーストラリア、フィリピン、タイ、台湾など16を超える国からきてくれています。

国や言語の壁を意識せずに採用活動をするようになり、多様性のあるチームをつくったことで、非常に力強いエンジニア組織になってきていると感じています。

外国人材採用を始めて９年目ですが、組織が軌道に乗ったのはいつごろですか?

4～５年目あたりで、初めて外国人材がエンジニアリングマネジャーになったことで組織が安定してきたのを覚えています。技術だけではなく、組織づくりに興味があり、貢献してくれる方が入社してくれたことで組織が一気に加速しました。

そこからさらにもう一段階組織が強くなったと感じたのが直近の2022年です。当社では事業部制を導入しており、事業部単位で事業推進をするスタイルなのですが、事業推進を担うボードメンバーとして外国人材エンジニアに参加してもらうようになったことで、ビジネスとエンジニアリングの両輪がスムーズに回るようになりました。結果、目先の売上や利益など、PL上の指標を最大化することを目的視する短期的な目線だけでなく、長期目線で事業価値の最大化していく視点で事業推進ができるようになりました。

また、現場レベルでも大きな変化があります。開発とビジネスのチームの情報の非対称性をなくすために、ウィンセッション（OKRの達成度進捗共有と賞賛をする機会）やSync-up（開発チームからロードマップの共有や現在リリース予定の機能の紹介する、ビジネスチームからは顧客の声を伝えるなど）を行っています。

コミュニケーション促進のため定期開催している交流パーティー

その他にも、最近はZoom翻訳を入れたり資料を日英両文で作ったりしながら一緒にミーティングを行う機会を増やしています。リアルタイムで全員が英語で意思疎通を図るにはまだまだハードルがありますが、少しずつ変わってきていますね。

開発チームのグローバル化が進んだことで、会社全体にどのような影響がありましたか?

外国人材が多い環境であり、日本語と英語の両方を使って仕事をする方向に舵を切っているので、「グローバルで戦っていく会社である」ことは一目瞭然であり、全社的な視座は確実に高まります。

将来的にグローバルで挑戦したい、海外で働きたいと思っているビジネスサイドの候補者にとっても、国際的な雰囲気を味わえる日本の企業で働くのは選択肢の一つです。ビジネスサイドの優秀な日本人へのブランディング効果もあると感じます。

また、採用面のメリットも大きいです。日本語力を問わなければ、採用のプールは一気に広がります。日本のエンジニア人口は100万人程度と言われていますが、世界に目を向けると2,500万人程に潜在的なプールは広がります。エントリーを獲得しやすいという意味では、日本人採用に比べて外国人材採用は結果的にコストが低く、獲得までのリードタイムも短くなっています。

当社では日本語が全く話せなくても英語ができれば良しとしていますが、海外に向けて求人を出すと月に100～200のエントリーが当たり前のように来ます。グーグルやマイクロソフトなど大手テック企業出身者からの応募もあり、募集ポジションは１か月で埋まることもあります。

世界的な大手テック企業からの転職だと、年収が減る方が多いのではないでしょうか?

当社のエンジニアの給与水準は日本国内の他社と比べれば高めに設定していますが、それでも中には年収ダウンを伴って転職する人もいます。ただ、国によって物価や給与水準が違うことは皆さん分かっているので、来日を選択肢に入れている方であれば、給与面でのすり合わせは十分に可能です。

日本の場合、よく選択肢に入る外国人材採用は、物価や賃金の基準が日本と比べると安い国で採用活動をすることで、コストメリットのある人材を獲得しやすいという点で語られることが多いように感じています。しかし発想を変え、給与水準をできる限り世界基準に合わせるように努力をして、世界的にも高いレベルの外国人材を獲得する意思決定をするだけで、エンジニアの採用に困ることが減っていきます。

また、「どこの会社で働くか」ではなく、「どこの国で働きたいか」という観点で考えるとき、現段階ではまだ日本は選ばれやすい国であるというのも強みかもしれません。24時間コンビニや居酒屋がオープンしており、夜中に出歩くことができ、銃などが出回っておらず命を落とす心配も少ない。物価は安くて食事はおいしいですから、生活する国としての日本は魅力的なのでしょうね。以前の「Japan as No.1.(ナンバーワンとしての日本)」が通用した時代とは異なりますが、まだまだ働いてみたい国の一つになっているのだと思います。

今後どういう組織を目指していくのですか?

学歴や国籍、性別など関係なく、スキルや経験値をベースに活躍できるフラットな組織を理想とし、多様な人が働きやすい環境の実現に向けて、全社的な組織のルールや規律をボトムアップでつくろうとしています。

例えば、過去の話も含みますが、クリスマスシーズンに1か月間母国に帰りたい人もいれば、毎日のお祈りの時間が必要な人もいます。文化によって各自のニーズは全く異なるので、そこに応じた働き方ができるようにしなければと考えています。一人一人を一緒くたに捉えてルールで縛れば、一時的な生産性は上がるかもしれませんが、変化に強いアジリティを持った組織はつくれません。

やるべきことに向き合う、全員がスペシャリストとして仕事ができる組織でありつつ、それぞれの働きやすさを叶えるにはどうすればいいか。そのような視点でのルール設計が重要なのだと考えています。

これから外国人材採用を検討している企業に向けて、アドバイスをお願いします。

最初の一人をどう始めるかが重要だと思います。日本の働き方と異なるカルチャーの人材が入れば社内は当然ごたつきます。自社にフィットせず、辞めてしまうこともあるかもしれませんが、それ自体が経験値と捉え、組織への中長期的なインパクトを意識して採用にトライするスタンスで、まずは推進してみるのが良いかもしれません。

そして、そのトライアンドエラーをできるだけ早くした方がいいと思います。「ある程度大きな体制にならなければ外国人材採用はできない」と決めつけて動き出しが遅ければ、組織づくりはその分遅れていきます。会社規模が大きくなったり、上場したりしてからでは動きにくくなってしまうので、組織カルチャーをつくり上げる段階から取り組むのが理想ではないでしょうか。

まだ組織が小さいスタートアップフェーズの場合は、むしろチャンスでもあります。軌道に乗せるためには、組織として試行錯誤する経験が必要ですから、すぐに取り組むのが得策です。

「最初の一人をどう始めるか」とのことですが、一人目はどのような人材を採用するのがいいと思いますか?

最近は日本の組織でもリモートワークが主流になってきていることもあるため、以前よりは受け入れがしやすくなっているはずです。

その上で、一人目については、カルチャーマッチとスキルマッチのどちらの要素も重要です。開発力もなく、カルチャーも合わない人を一人目に採用してしまうと、「うちの会社に外国人材は合わない」という空気になりかねません。

カルチャーマッチは、現場エンジニアを面接官に採用するなどで見極めるしかありませんが、スキルマッチという観点では近年ワークサンプルテストやコーディング試験、ペアプログラミングなど面接の中で見極められる手法が多数出てきています。精度高く見極めができるような選考プロセスを整備するなどは同時に行っておくと良いでしょう。

日本特殊陶業株式会社

会社情報

所 在 地　愛知県名古屋市
社 員 数　単独3,534名、連結16,240名（2023年3月付）
事業内容　スパークプラグ及び内燃機関用関連品、ニューセラミック及びその応用商品の製造、販売

取材対象者

HRコミュニケーションカンパニー人財開発部 採用課 課長　辻田訓男氏
HRコミュニケーションカンパニー人財開発部 人財育成課 課長 小灘隆弘氏
HRコミュニケーションカンパニー人財開発部 人財育成課 トゥガス氏

外国人材採用を始めたきっかけを教えてください。

辻田： 会社が「ダイバーシティ推進は経営戦略である」という方針を打ち出し、その一環で2015年から海外大学の外国人学生の新卒採用をスタートしました。彼ら・彼女らを社内では「グローバル人材」と呼び、年間1～4名を採用しています。

当社は自動車の内燃機関エンジンに関する商品売上が8割を超え、自動車産業の発展とともに成長してきましたが、ご存知のとおりEV車が台頭してきました。将来的にエンジン車の需要は減少していくことが予想される中、新たな事業の柱を構築していくことが大きな経営課題となってきました。

新しい発想を得るには異質な考え方を持つ人材が必要です。社内では「知と知の融合」という言い方をしますが、異なるバックグラウンドを持つグローバル人材が入社することで、イノベーションが生まれることを期待しています。

グローバル人材の採用基準や評価軸で日本人との違いはありますか?

日本語のレベルをチェックするくらいです。面接を日本語でできる程度を目安にしていますが、内定後と入社後に日本語教育のフォローもしていますので、あとから学んでもらえば良いと考えています。

あとは、ただ日本で暮らすことに憧れがあるだけでなく、「日本で仕事を頑張りたい想いがあるか」を重視していますね。

グローバル人材が入社したあとの教育やサポート体制について教えてください。

小灘：「言葉」と「文化」の大きく二つの面から支援しています。言葉については、当社はグローバル企業と言われながらもメイン言語は日本語であり、どうしても日本語での読み書きが必要になりますので、日本語学校に通ってもらうなどして学習をサポートしています。

トゥガス：文化に関しては、入社前と配属後に研修を行っています。

前者については入社１週間前に来日してもらい、新入社員研修の内容や配属面談など、入社後の流れを説明すると同時に、日本での生活についても伝えています。海外から日本に来るグローバル人材にとっては全てが初めての出来事であり、慣れるまでは戸惑いの連続です。ですので、トラブルが起きる前提で各種手続や携帯電話の手配など、細かいところまで手厚くフォローすることを心掛けています。

入社後は、異文化コミュニケーションに関する研修を行っています。海外と日本の文化の違いを伝えることを目的としたもので、グローバル人材向け、受け入れ部署向け、本人と部

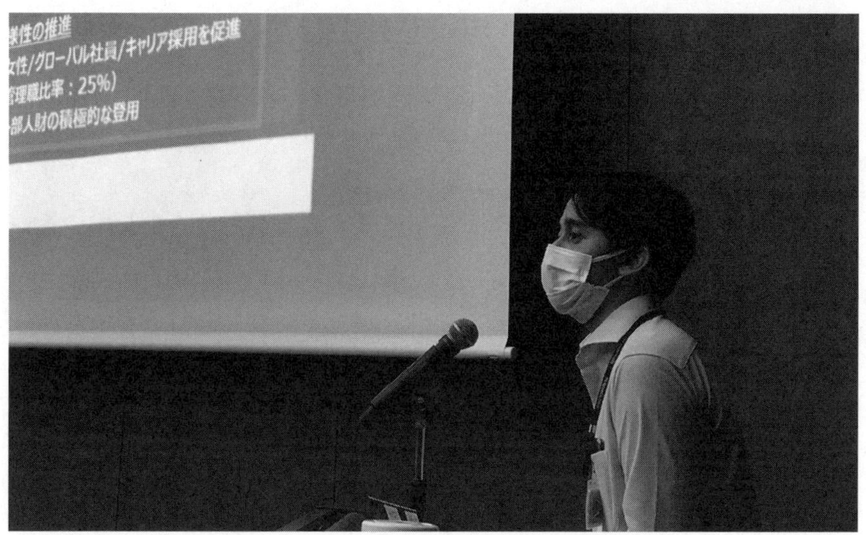

グローバルマインド研修で講師を務めるトゥガス氏

署が一緒に受けるものの三つを用意し、配属後は部署を巻き込みながら「入社後にどのようなギャップが生じやすいのか」を一緒に確認しています。

私自身が2017年に入社したグローバル社員なので、自分の体験を踏まえながら、他のグローバル社員の悩みも取り入れ、必要な施策を会社に提案しながら進めていますね。

トゥガスさん自身は、入社後にどのようなギャップや困り事に直面しましたか?

トゥガス： 仕事の進め方に戸惑いました。海外はジョブ型雇用であり、ジョブディスクリプションに仕事内容が明記されています。ゆえに「仕事＝決まった役割がある」というイメージでしたが、日本の場合はそうでなく、周辺の仕事を積極的に取りに行く姿勢が求められます。それが最初は理解できず、苦労しましたね。「ホウレンソウ」（報告連絡相談）も苦手でしたし、「これは自分の仕事ではない」と勝手に判断して放置してしまうこともありました。

そうして失敗しながら先輩に考え方を教わり、少しずつ違いを理解していきましたが、途中で異文化コミュニケーションの研修を受けたことで、自分がギャップを感じる理由が明確になりました。これをきっかけに仕事の進め方を変えていけた経験があるので、最初に文化の違いをインプットすることは非常に重要だと考えています。

今はグローバル人材に対して、異文化コミュニケーションの研修をまず受けてもらい、文化の違いを事前にインプットした上で働いてもらうことで、ギャップを一日でも早く解消しようとしています。

グローバル人材採用を始めてから、新しく作った制度はありますか?

小灘：日本人同期によるバディ制度です。入社前の日本人内定者から希望者を募り、4月から約1.5か月間行われる新入社員研修の期間中、グローバル人材のサポートをします。グローバル人材が研修内容を理解しきれていない場合にバディを頼ることになるので、説明する日本人社員の理解度を高めることにつながりますし、異文化を知る機会にもなっていますね。異なる考え方に触れることで思考の幅が広がる効果もあるように思います。

また、グローバル人材採用を始めてから最初の3年間は、先輩と後輩のネットワークづくりを意識していました。研修のようなことを行ったり、お互いが悩み事を相談したりする場としてグローバル人材が集まる機会をつくっていましたが、そこで彼ら・彼女らが外国人材の取扱説明書を自主的に作ってくれたこともありましたね。

辻田：他にもグローバル人材が自身の経験を踏まえ、後輩たちがよりスムーズに日本の生活に適応できるよう、『日特ペディア』というお助けサイトを自主的に立ち上げてくれたことがあります。このように当事者主体で整備されていくところもありますし、会社としても経験を積みながら受け入れ体制を整えてきました。失敗から学ぶことも多いですし、最初から想定できることは限られますから、採用しながら変えていけば十分だと思います。

例えばどのような失敗がありましたか?

辻田：採用を始めた当初は、グローバル人材とはいえ、日本人と同じように総合職として採用をしていました。ただ、海外では「就社」ではなく「就職」の考え方が主流であり、日本人よりキャリア志向も強いため、入社後に配属先を決める方法が合わず早期退職となってしまったことがありました。今では専門性を持った人材、特に理系に絞って採用し、入社後の配属先を想定しながら採用する形に切り替えています。

小灘：早期退職の原因として、配属先の部署の問題もありました。「グローバル人材が入ればインクルーシブな組織になるだろう」という考えで配属したものの、受け入れ体制が整っておらず、上司のマインドセットもないわけですから、グローバル人材のモチベーションがどんどん下がってしまいました。グローバル人材が部署を変えるのではなく、受け入れを起点に部署が変わらなければいけないのに、それができなかった失敗事例ですね。

制度や体制を事前に整備する必要はないものの、受け入れ側の心構えは必要だと。具体的に、受け入れ側はどのような考えを持てばいいでしょうか?

トゥガス：多様な個人を受け入れる、オープンで柔軟なマインドが必要だと思います。「外国人だから」と特別に考えるのではなく、「国籍に関係なく、皆それぞれ違う」という前提を持つことが大切ではないでしょうか。一人一人の価値観と向き合い、その人がしたいこと、職場として期待することなど、個別に話し合うことによって誰もが自分らしく働ける会社になっていくのだと考えています。

一方で、全てを受け入れてしまっては方向性が定まりませんので、譲れない軸はきちんと持つ必要があります。チームをリードするリーダーの存在が、ダイバーシティを進めていく上で重要だと思います。

私は2023年４月からダイバーシティ推進チームの担当にもなったので、全社的なダイバーシティの必要性の理解を高め、グローバル人材が職場に合わせ、溶け込むだけでなく、お互いが歩み寄ることで、よりインクルーシブな職場にしていきたいです。現状、グローバル人材の影響を受けているのは受け入れ部署にとどまっているので、まずはこれを全社に広めていきたいですね。

株式会社マネーフォワード

会社情報

所 在 地　東京都港区
社 員 数　1,988名（2023年5月末時点）
事業内容　PFMサービス及びクラウドサービスの開発・提供

取材対象者

グローバル採用部 部長　保科岳志氏
グローバル採用部　五十嵐敬也氏

以前から貴社では日本語が話せる外国人材の採用をしていました。日本語が話せない外国人材まで採用範囲を広げた背景を教えてください。

保科： グローバルテックカンパニーとして成長を続けていきたいという思いが根本にあります。これまで日本語が話せる外国人エンジニアを採用し、活躍している姿を見てきたので、次は日本語の要件を外すことで採用の間口を広げ、世界中から優秀な人にジョインしていただき、会社の成長につなげていきたいと考えています。

そうした考えから、会社として正式に非日本語話者を受け入れていくことと、2024年の年度末までにエンジニア組織を完全英語化することを2021年9月に発表しました。海外拠点とスムーズにやり取りをするには、共通語を英語にして仕事をしていた方がいいですからね。

「エンジニア組織の完全英語化」は具体的にはどのような状態になるのでしょうか?

保科： 基準として考えているのは、全てのチームで日本語不問でエンジニア採用ができる状態です。2024年度末の時点では日本語を話すメンバーだけで仕事をするチームも残っていると思いますが、少なくとも採用の間口を広げられ、海外メンバーの入社後にいつでも英語に切り替えられる状態に全部門がなることを目指しています。

本社の英語化をベトナム拠点のメンバーが非常に喜んでくれています。3か月の長期出張で日本に来てもらう機会があるのですが、本社が日本語対応のみだと、出張の対象が日本語が話せるメンバーに限定されてしまいます。しかし、今後は日本語能力にかかわらず来日の機会が得られます。ベトナム拠点のメンバーは日本語を話せる人より英語を話せる人の方が多いので、メンバー自身のキャリアオプションが増え、会社全体の一体感が増す効果もあると期待しています。

ただ、実は非日本語話者を採用した最初のきっかけは、IIT（インド工科大学）の学生採用を始めたことでした。従来のIIT採用は現地に赴く必要がありましたが、コロナ禍にオンラインで採用ができるようになったことで「では参加してみようか」となったようです。

私は2021年７月入社ですが、選考を受けたのは最初のIIT採用を終えたタイミングでした。「IITの学生を採用したので助けてください！」という趣旨の話を面接で言われたのを覚えています（笑)。当時は社内的にも「本当に非日本語話者を採用するの？」という感じだったようです。

そこからどのように体制を整えていったのでしょうか?

保科：急ピッチで様々な立ち上げを進めていきました。具体的には、非日本語話者の外国人材の採用から入国対応までを行うグローバル採用部を立ち上げた他、人材開発部やカルチャー部など人事の各部を集め、「それぞれの領域で英語化しなければいけないこと」を洗い出

20か国以上から集まったメンバーが活躍するマネーフォワード社内

していきました。結果、各領域で英語を話せるスペシャリストが必要だと分かり、英語で仕事ができる担当者をそれぞれ採用しました。また、通訳・翻訳チームと、英語のトレーニングを行う英語研修の二つのチームを新しく立ち上げました。

他に、Globalization Task Forceという部署横断のチームをつくりました。言語や国籍に関係なく、全ての従業員が互いを尊重し、協力して仕事ができるような環境づくりをするのがミッションです。全員兼務ですが、ミッションを掲げたチームをつくることでメンバーのグローバル意識を高め、推進力につながったように感じています。

これまでも外国人材向けのオンボーディング施策や研修などがあったと思いますが、日本語を話せない外国人材に向けて、変えたことはありますか?

保科：内容はほとんど変えていませんが、来日前に日本での生活準備について説明をするオンラインセミナーを１時間ほど行うようになりました。入社時のオンボーディングは、基本的には既存の研修を英語版にしていますが、労働法の理解や、会社をまとめる価値観「MVVC」（ミッション、ビジョン、バリュー、カルチャー）に関するコンテンツなどは外国人社員向けに設計し直しました。

また、全体研修は日本語と英語の双方で行っていますが、2023年から新卒エンジニア向けの開発研修は全て英語のみに切り替えました。

ということは、日本人の新卒採用でも英語力を見ているのでしょうか?

保科：24年入社のメンバーからはそうですね。23年入社のメンバーは内定承諾後にエンジニア組織の英語化が発表されたので、入社前から英語の勉強をしてもらうことにしました。

これからは英語が必要だという認識を持っている人が多かったようで、抵抗感を示すメンバーはいませんでした。むしろ「逆に良いチャンスだ」と受け止めてくれた人の方が多かったように感じています。

実際に日本語が話せない外国人材を受け入れてみて、どうでしたか?

保科：コロナ禍で入国できない期間があったので、最初に受け入れた2022

年４月が一度の入社数としては最多でした。同期入社が多かったことで、本人たちの仲間意識が芽生え、助け合いが生まれたのはよかったですが、人数が多い分フォローするのは大変でした。

五十嵐：この時に、当社の受け入れ業務の基盤ができたのはよかったですね。エージェントの力を借りつつ、新入社員の皆さんと一緒に学び、ときに助けてもらいながら受け入れ業務を行う中で、「外国人材の皆さんが気持ちよく当社でのスタートを切るためにすべきこと」が見えてきました。

受け入れ部署ではどのような準備をしたのでしょうか?

保科：英語化の発表をしてから外国人材が入社するまで半年ほどあったので、開発メンバーは英語の勉強をしたり、グローバルマネジメントの経験者が過去の失敗談を交えながらノウハウを共有したりしました。

エンジニア組織としては、まずは全ての非日本語話者の外国人材をひとつのチームに配属し、シンガポールでエンジニアリングマネジャーをしていた者にマネジメントを一手に引き受けてもらいました。

この形であれば、外国人メンバーにとっても、やり取りする相手が英語話者のマネジャーに集約されるメリットがあります。並行して、日本人メンバーが英語力を伸ばすための学習をサポートしながら、他のバイリンガルマネジャーの育成及び採用に力を入れました。開発者に関しては、業務目標を調整した上で、１日あたり業務時間の最大３時間を英語の勉強に当てられるように仕組みを整備しました。

バイリンガルマネジャー採用や英語トレーニングがある程度すすんできたため、2023年度より、ひとつのチームにまとまっていた非日本語話者のメンバーを複数の部署に配置し、外国人採用も会社全体に広がってきています。

一方で、日本語を話せない外国人社員の皆さんが日本で生活をする上で、日本語の問題が出てくると思います。どのようなフォローをしていますか?

五十嵐：外部の日本語教育プログラムを提供している他、希望者は「TERAKOYA」という社内の日本語学習プログラムに参加することができます。具体的には週最大２回、日本語ネイティブの社員と日本語で会話をする時間を設けています。
マッチングは半年に１回シャッフルしているので、様々な部署の社員と交流する機会にもなり、プライベートで遊びに行くなど仲良くなるペアもあります。生活の相談をしたり、他部署の話を聞くことで会社理解につながったりと、様々な効果があると感じています。

保科：2023年上期には、約80人のコーチと生徒が参加しています。もはや一大プロジェクトですね。

五十嵐：私は１年前までTERAKOYA運営を担当していましたが、日本語のコーチを募集すると生徒数に見合う人数があっという間に集まります。むしろコーチの方が過多になるくらい人気があります。日本や日本語に関して新しい発見があり、コーチ側も学ぶことが多いという意見は多いです。

そして、何よりも外国人社員のサポートをすることで得られる充実感があるのだと思います。継続して参加している日本人社員も多く、楽しんでくれていますね。

保科：英語化を決めているのはエンジニア組織だけですが、ビジネスサイドでも英語の必要性を感じている人はいます。日本語を教える場ではありますが、英語や異文化に触れたい人も登録していますね。

五十嵐：他に、英語で何でも相談ができるSlackチャンネルがあり、100人以上が参加しています。気軽に質問ができ、込み入った話になると労務など専門部署の人が回答しますが、基本は答えられる人が返信する仕組みです。

例えば、日本語で書かれた区からの郵便物の写真とともに「これは何？」と質問し、バイリンガルの社員が私たち人事より早く答えてくれる。公的な郵便は同じタイミングで受け取ることが多いので、他の外国人材の役にも立ちます。

最初は生活の困りごとを質問する場として用意したのですが、今では一つのコミュニティのようになっていますね。

日本語ができない外国人材の採用を新たに始めたことで、どのような変化がありましたか?

保科：会社の見られ方が変わったと思います。例えば、大手外資テック企業出身のシニアメンバーが「マネーフォワードは本気でグローバルにいくんだな」と受け止め、入社してくれました。例えば、キャリアの最後の数年は日系企業に経験を還元したいという思いを持つ人もいて、そういう人に共感してもらえているように感じます。また新卒採用でも、大手外資系テック企業と当社を併願するケースが出てきています。

五十嵐：グローバル志向の強い優秀な学生にも魅力に感じてもらえていますね。
あとは日本語不問の採用を行ったことで、日本での就職意欲が高い、日本語が得意ではない優秀な留学生の採用もできるようになりました。競合となる企業が少ないので、チャンスは非常に大きいです。

保科：社内でも英語が飛び交っている一角がありますし、全社イベントの景色も様変わりしました。代表の辻も全社朝会のスピーチは基本的に英語で行っています。

五十嵐：私は毎日出社していますが、英語が聞こえない日はないですね。

外国人材採用を始める際に、
最低限押さえておくべきポイントは何だと思いますか?

保科：会社規模や採用力にもよりますが、理想は人事に外国人材の受け入れ経験が多少なりともあって、受け入れ部署に英語でのマネジメント経験者がいること、だと思います。
外国人材をマネジメントできる人の存在は、必ず必要だと思います。グローバルマネジメント経験者はいればいるだけ良い。外国人材採用に踏み切れるかどうかの一番の要因は、このマネジメント力だと思います。

どのような状態になったら「マネーフォワードはグローバル化した」と言えそうですか？　最後に、貴社が考えるグローバル化について教えてください。

保科：代表の辻は「グローバル化の３つのステップ」という話をしています。

当社の場合、まず資金調達のグローバル化から始まり、今まさに進めている組織のグローバル化があって、最後に事業のグローバル化があります。組織のグローバル化は、日本語能力や出身国・文化圏にかかわらず、平等に活躍の機会があり、評価をされる状態が実現できた時に、最低限のゴールに到達したといえると思っています。そういう意味だと、先日ベトナム出身のメンバーがグループ会社のCTOに就任したのは一つの成果ですね。

外国人メンバーが活躍するステージは着実に広がっており、事業のグローバル化を進めていく体制は整いつつあります。そこを盤石にするためにも、まずは2024年度中のエンジニア組織の完全英語化に向けて社内の体制を整備しつつ、引き続き世界中から優秀な人材を獲得し、全従業員が等しく活躍できる環境をつくっていきたいと思います。

＊＊＊

紹介した７社が外国人材採用を始めたきっかけは、人手不足、新規事業の創出、グローバル展開の大きく３つに分類できるが、いずれも採用を行ったことでそれ以外のメリットを感じている。採用セミナーに外国人材が登壇することで候補者の動機付けにつながったり、外国人材が地元メディアに取り上げられたり、外国人材の採用がグローバル化への本気度を示すことにつながり、結果として外資系企業で活躍してきた日本人からの応募が増えたりと、想定外の効果が生じているのだ。外国人材採用を積極的に行う企業がそれほど多くない今だからこそ、こういったメリットを享受しやすい面もあるだろう。

また、外国人材のキャリア意識の強さやチャレンジ精神が日本人へポジティブな影響をもたらし、会社を変える一助となっていることも見て取れる。イノベーションを起こすには多様な視点が必要だといわれるが、異なる価値観や考え方によって日本人の物事の見方が変わり、意識や行動に影響を与えるのはまさにダイバーシティ推進がもたらすプラスの効果だ。そして、外国人材採用に取り組むことで外からの見られ方も変わっていき、それがまた社員に好影響を与える循環が生まれていく。

そして、外国人材だからと特別に構えて考える必要がないことがご理解いただけたのではないだろうか。外国人材採用において、7社とも日本人採用と見ているポイントはほとんど変わらない。人柄やカルチャーフィットを重視する企業は多いが、そこさえ担保できれば入社後にミスマッチが起きにくいというのは日本人も同様だろう。長く働いてもらうために人柄を重視するのではなく、一緒に事業を伸ばしていくために自社にフィットする人を選ぶ。外国人材ならではの違いや配慮事項があるとはいえ、採用する目的や本質は日本人も外国人も変わらないのだ。

停滞する日本経済を変えるのは１社1社であり、各社が新しい成長領域を切り開いていかなければいけない。その手段の一つとして、やれば絶対にできるのが外国人材採用だ。少人数の採用から始めれば、そのハードルは決して高くない。まずは採用をし、受け入れる過程で生じた失敗や苦労を地道に改善することによって社内を整えていけることが７社の事例から伝われば幸いだ。

第 8 章

2040 年に向けて

2040年に向けて

2040年には９都県で労働人口に占める外国人材の割合が10％を超える。その試算どおりの未来が訪れれば、日本社会では外国人材が当たり前のように働いていることになる。

そのタイミングで外国人材が活躍できる環境を自社で実現するには、グローバルマネジメントができる幹部人材の育成や体制の整備が不可欠だ。一朝一夕でできることではなく、10年単位の時間をかけ、トライアンドエラーをしながら、徐々につくり上げていかなければならない。

来る2040年まで、残り17年。つまり、外国人材採用は今始めなければ、準備が間に合わなくなりかねないのだ。外国人材が定着し、活躍できる企業風土や体制をつくるには時間がかかることを忘れてはならない。

この先、人口は減り、採用市場は年々厳しくなっていく。いよいよ人材が確保できなくなり、疲弊している中で外国人材採用を始めるのは現実的ではない。既に人材不足は深刻だが、それでもまだマシな今から始めるのが得策だろう。

企業にとって喫緊の課題であるダイバーシティ推進に関しても、今後はより本質的なダイバーシティの実現が求められる。人的資本開示にあたり外国人材比率を示す必要があるからといって、ただ外国人材を増やせばいいという話ではない。

従来の外国人材採用では高い日本語力を求める傾向にあり、採用する外国人材のほとんどは日本語学科出身者。日本人と遜色ないレベルの日本語力を求めることで、大多数の外国人材は採用基準に満たない存在になってしまっていた。

もちろん日本語ができる外国人材が採用できるに越したことはないが、日本語力が高い外国人材の多くが中国国籍と韓国国籍であり、結局国籍に偏りが生じてしまう。欧米やアフリカなどアジア圏以外の出身者や異なる宗教を信仰する人たちがいることが、本当の意味での多様性のはずだ。

現状、多くの日本企業は日本人と外国人を切り分けて考えているが、例えば、アメリカでは採用時に候補者の国籍を日本ほどは気にしていない。「能力があってコミュニケーションがとれれば出身国はどこでもいい」がベースの考え方のように感じる。外国人材採用が活発になれば、日本でも採用候補者の国籍を気にする感覚は薄れていくだろう。

言葉の違いについても、外国人材が増えるほど問題は小さくなっていく。外国人材が増えれば英語だけでコミュニケーションが成立する場面も増え、それに比例して採用時の日本語要件の寛容度は上がっていく。企業として外国人材を積極的に受け入れるからといって、必ずしも従業員全員が英語を話せなければいけないわけではないのだ。

そして、採用条件から日本語を外した瞬間に採用難易度は大幅に下がり、より優秀な人材が世界中から採用できるようになる。

第５章でお伝えしたとおり、外国人材採用を始めるポイントは「無理をしない」であり、最初は日本語ができる外国人材を採用し、外国人社員の人数が増え、受け入れに慣れていくにつれて少しずつ日本語の要件をゆるめていけばいい。そうやってなだらかに外国人材を受け入れていくには、やはり一定の時間が必要だ。

例えば、英語と日本語が話せる外国人材を今年採用し、3年後にその人がリーダーになれば、部下とは英語でコミュニケーションがとれるようになり、そのチームでは日本語が話せない外国人材を受け入れることができる。仮に3人を採用し、その3人が3年後にリーダーになれば、その下にさらに日本語が話せない外国人材を配置することができ、指数関数的に外国人材を増やしていける。

その結果として、外国人材が活躍できる環境づくりと、組織のダイバーシティの二つを同時に実現し、企業の競争力を担保することにつながる。だからこそ、まずは1人、外国人材を採用してみることが重要なのだ。その最初の一歩を踏み出すきっかけに本書がなれば幸いだ。

監修にあたって

もし、会社の中で働いている人の10人に１人が外国人の役職員となったと想像した場合、皆さんの会社にはどのような変化が起こるだろうか。

「働く人の10人に１人が外国人」というのは、根拠のない数字ではない。2022年３月にJICA緒方貞子平和開発研究所が公表した「2030/40年の外国人との共生社会の実現に向けた取り組み調査・研究報告書」によれば、2040年に674万人の外国人に日本で働いてもらわなければ、目標とするGDPの成長は達成できないとされている。

令和５年版厚生労働白書によれば、2040年の15歳から64歳人口が6,213万人であるので、2040年に674万人の外国人が日本で働いてくれたとすれば、「働く人の10人に１人が外国人」というのはあり得ない数字ではなくなる。

このように、私たちは日本の労働市場が国際労働市場と接続していく大きな変化の渦中にいるといっても良い。

日本の労働市場が国際労働市場への接続をより深め、これまでの日本国内での新卒一括採用方式を中心とした「モノカルチュラル・リクルートメント」ともいえる状態にあった日本の採用が、リクルートする場所も多様で、人材のバックグランドも様々で、採用のタイミングも色々であるという「マルチカルチュラル・リクルートメント」（Multicultural Recruitment）とも呼べる状態に移行していく。マルチカルチュラル・リクルートの時代には、日本国内の新卒一括採用と世界中からのそれぞれのタイミングに応じたそれぞれの人と企業のニーズと縁にあった多様な採用方式が並存していくことになる。

このような多様なリクルート・チャネルを経て入社してきてくれる人材は多様であり、そういった多様な人材が組織の力になってくれれば、まさにダイバーシティを活力に成長することができる組織になるのではないかと思う。

本書は､このような採用の現場で起きている大きな地殻変動をお伝えし、「マルチカルチュラル・リクルートメント」の時代の採用の在り方の一例を示したものだといえる。

外国人雇用は、どうしても制度や法律の複雑さから、取り組みにくさを感じる方もいると思う。しかし、リクルートメントの現場で起きている変化は日本の少子高齢化を考えると、不可逆的であり、日本が国際労働市場との接続を諦めるという道はないように思われる。

そうであれば、より積極的な、より成果が出るような、そして、働く人にとっても働いてもらう会社にとっても良いリクルートメントが増えてほしいと思う。

本書が皆様にとって、新しい時代のリクルートメントを考える一助になれば、監修者として望外の喜びである。

末尾となるが、本書の制作にあたりぎょうせいの皆様に大変にお世話になった。この場を借りてお礼を申し上げたい。

2023年11月　監修者　弁護士　杉田昌平

監修者紹介

弁護士法人Global HR Strategy　代表社員弁護士
社会保険労務士法人外国人雇用総合研究所　代表社員社会保険労務士
杉田　昌平

弁護士（東京弁護士会）、入管届出済弁護士、社会保険労務士。慶應義塾大学大学院法務研究科特任講師、名古屋大学大学院法学研究科日本法研究教育センター（ベトナム）特任講師、ハノイ法科大学客員研究員、アンダーソン・毛利・友常法律事務所勤務等を経て、現在、弁護士法人Global HR Strategy　代表社員弁護士、社会保険労務士法人外国人雇用総合研究所代表社員、独立行政法人国際協力機構国際協力専門員（外国人雇用/労働関係法令及び出入国管理関係法令）、慶應義塾大学大学院法務研究科・グローバル法研究所研究員。

株式会社ASIA to JAPAN紹介

■きっかけから、活躍まで

世界に出て活躍したいと願う海外の若者にとって、充実した就業環境をもつ日本は魅力的な存在になり得ます。しかし、その一方で言語や慣習の違いからポテンシャルある若者がチャンスを得られていないという実態があります。ASIA to JAPANは2017年の創業から６年間、このギャップを解消したいという思いで活動を続けてきました。

アジアを中心とした主要大学と提携し「大学内での無料の日本語授業」を展開。学生への日本企業就職のきっかけを提供してきました。コロナ禍の約２年間も休むことなく授業を続け、いくつかの大学では単位認定されるようになりました。2023年８月にはエジプトでの授業を開始。今後も対象を拡大していきます。

■海外トップクラスの大学生と日本で面接する

海外の大学生の採用を考えた際、まず悩むのは、どこの国のどの大学が自社にとって有望なのか、またそのような大学の学生をどう集めるのか、といった計画段階での情報収集です。狙うべき大学が明確であれば、その大学に連絡し就職イベントに参加したり、独自の選考会を打診したりするなど手段を講じることができますが､多様な学生を対象にしたい場合には、海外採用を専門に行うチームを設けるなど、大きな仕掛けが必要となります。

ASIA to JAPANでは、前述した海外における「大学内での日本語授業」と日本就職を希望する学生を「日本へ無料で招待」し「日本で面接」を行う取り組みをひとつにした“FAST OFFER”というプログラムを運営しています。

このFAST OFFER 最大の特徴は、各国の様々な大学の優秀な学生を、日本にいながらにして、対面で面接できるという点にあります。

採用を考える企業にとっては、海外に赴くことなく、準備や工数を選考に集中することができ、採用を実現するとともに、自社にあった国や大学がどこなのか探ることができます。

日本へ招待される学生も、日本で働く意欲や覚悟が高まり、会社見学の機会を通じて入社後の生活や仕事に具体的なイメージをもち、入社承諾の意思決定を行うことができます。

■入社までのフォローアップ

ASIA to JAPANでは、採用が決定した学生に対する日本語ブラッシュアップの機会を提供しています。海外大学卒の外国人学生がぶつかる壁は、「学生から社会人になる立場の変化」「自国から日本へ拠点が移る環境変化」「母国語から日本語になる言語の変化」の主に3つになります。このうち入社前に対策がとれるのは「言語の変化」です。日本語の能力を高めておくことは、来日後の壁を乗り越えるための事前対策として重要な意味合いをもちます。

ASIA to JAPANでは、各国の大学内で展開する「日本語学習」のインフラを活用した「内定者向けの日本語学習プログラム」を用意しています。同じタイミングで日本企業へ入社する学生が日本語学習の機会を通じて知り合い、切磋琢磨する場にもなり、日本で働き始めたときの仲間（会社を超えた同期）をつくる効果も果たします。また、ASIA to JAPANスタッフが月次で面談を実施しており、学習の進捗の確認と入社に向けた不安解消のお手伝いも行っています。面談結果はレポート提出され、遠隔地の内定者へのフォローアップ施策としても機能します。

■出入国と受け入れ、生活立ち上げのサポート

海外の大学を卒業し、日本で働く場合には在留資格の認定を受ける必要があります。初めて受け入れを経験する場合など、手順が分からず苦労するといったお話をよく耳にします。ASIA to JAPANでは、杉田昌平弁護士が全国の出入国在留管理庁への申請を代行します。審査完了後のそれぞれの国の日本大使館でのビザ申請のサポートや、来日時の航空券の調整手配、入国時の空港出迎えから居住先までの引率もASIA to JAPANが行います。必要に応じて通信手段の手配や役所への届出手続、銀行口座の開設などの同行サポートも行っています。また寮や社宅の用意がない場合には、連携先機関と協力し住居探しもお手伝いします。

来日前の「日本での生活ガイダンス」では、ゴミの出し方など日本で生活する上での注意点や生活必需品の買い出し先などもお伝えし、安心して日本で生活をスタートできるようサポートしています。

■配属前のワークショップ型研修

来日後配属されるまでの期間を使い、外国人新入社員の受け入れ研修を行っています。新入社員向けと配属先部門の方々それぞれに実施します。外国人新入社員には、「日本と自国で働くことの違い」や「違いとの向き合い方」「日本企業の習慣や特徴」について、ディスカッションを通じて自ら気づいていくマインドセット型のワークショップを行います。

受け入れ先となる配属部門では、上司になる方や教育係を務める先輩社員が対象になります。様々な違いを超えて働くために必要な要素に気づきを得たり、先行する他社の事例をもとに、起こりがちな事象やその対応策についてもお伝えしたりします。

導入する企業の中には、先に外国人社員を受け入れた部署の方が一緒に参加し、ノウハウ共有する場として活用いただくケースもあります。

■アジア最高峰と呼ばれるインド工科大学からの採用支援

ASIA to JAPANでは2022年、136名のインド工科大生採用をお手伝いしました。インド国内23校あるインド工科大学（IIT）では、大学独自の就職活動の仕組み（プレースメント）があり、トップクラスのIITには、欧米の名だたる企業が参画することもあり、事前のターゲット校選定から、学生に選ばれるための条件の見せ方、面接学生の選出基準の設定といった事前の戦略立てが重要になります。ASIA to JAPANは23校全てのIITで実績をもつ唯一の機関であることから、一目置かれる存在としてより正確な情報を把握し、それを基にした採用支援を行うことができます。

業種問わず世界レベルで通用するIT人材を採用する必要性が高まるなか、有力な獲得手段として注目が集まっています。

■ASIA to JAPAN 日本語授業実施実績

[中国]	上海交通大学　浙江大学　北京科技大学
[シンガポール]	シンガポール国立大学　南洋理工大学
[台湾]	国立清華大学　陽明交通大学　国立成功大学
[タイ]	チュラロンコン大学　コンケン大学　キングモンクット大学ラッカバン校　チェンマイ大学
[マレーシア]	マレーシア工科大学　マレーシア科学大学
[インドネシア]	インドネシア大学　バンドン工科大学
[ベトナム]	ハノイ工科大学
[フィリピン]	アテネオ大学
[インド]	プネ大学　SRM大学（予定）　マンガロール工科大学（予定） インド工科大学マドラス校　同インドール校 ブハネスワル校　ロパール校　パトナ校　ガンディナガール校 マンディ校　ジョプール校　ジャム校　ゴア校　パルカード校
[エジプト]	エジプト日本科学技術大学

9か国1地域・33大学（一部オンライン授業及び予定含む）/2023年10月現在

会社概要／連絡先

株式会社 ASIA to JAPAN

代表取締役：三瓶　雅人　　取締役副社長：赤羽根 大輔

https://asiatojapan.com/

代表取締役プロフィール

三瓶　雅人

代表取締役社長

1997年、株式会社キャリアデザインセンター入社。キャリア採用広告営業、営業マネージャ・営業部長、マーケティング部長、人材紹介部門の事業責任者となる。

2006年、株式会社日経HR入社。人材紹介事業立ち上げ、転職サイト責任者、システム責任者を経て、2012年よりアジア現地学生採用のための新規事業を立ち上げ、その責任者となる。

アジア9カ国、トップ50大学と連携した事業はテレビ「ガイアの夜明け」でも取り上げられる。2017年2月に株式会社ASIA to JAPANを創業。

本社所在地：

〒110-0016 東京都台東区台東3-15-3 MARK SQUARE 御徒町 8F

TEL／03-5834-3403　Email／info@asiatojapan.com

シンガポールオフィス：

ASIA to JAPAN (SINGAPORE) PTE. LTD.

12 Purvis Street #02-561 Singapore 188591

インドオフィス：

AtoJ Labs India Pvt. Ltd.

A-5, Geet Govind Bldg, Dr. Herekar Park,

Near Kamla Nehru Park,

Bhandarkar Road,Pune – 411004

高度外国人材　採用から活躍までの「定石」

令和６年１月15日　第１刷発行

監　修　杉田　昌平

編　者　ASIA to JAPAN　代表取締役　三瓶　雅人

発　売　株式会社ぎょうせい

〒136-8575　東京都江東区新木場1-18-11
URL：https://gyosei.jp

フリーコール　0120-953-431

ぎょうせい　お問い合わせ　検索　https://gyosei.jp/inquiry/

〈検印省略〉

印刷　ぎょうせいデジタル株式会社

ISBN978-4-324-80140-6

(5300342-00-000)

〔略号：高度外国人材〕